Wieland Jäger · Kurt Röttgers (Hrsg.)

Sinn von Arbeit

Wieland Jäger
Kurt Röttgers (Hrsg.)

Sinn von Arbeit

Soziologische und
wirtschaftsphilosophische
Betrachtungen

VS VERLAG FÜR SOZIALWISSENSCHAFTEN

Bibliografische Information Der Deutschen Nationalbibliothek
Die Deutsche Nationalbibliothek verzeichnet diese Publikation in der
Deutschen Nationalbibliografie; detaillierte bibliografische Daten sind im Internet über
<http://dnb.d-nb.de> abrufbar.

1. Auflage 2008

Alle Rechte vorbehalten
© VS Verlag für Sozialwissenschaften | GWV Fachverlage GmbH, Wiesbaden 2008

Lektorat: Frank Engelhardt

Der VS Verlag für Sozialwissenschaften ist ein Unternehmen von Springer Science+Business Media.
www.vs-verlag.de

Das Werk einschließlich aller seiner Teile ist urheberrechtlich geschützt. Jede Verwertung außerhalb der engen Grenzen des Urheberrechtsgesetzes ist ohne Zustimmung des Verlags unzulässig und strafbar. Das gilt insbesondere für Vervielfältigungen, Übersetzungen, Mikroverfilmungen und die Einspeicherung und Verarbeitung in elektronischen Systemen.

Die Wiedergabe von Gebrauchsnamen, Handelsnamen, Warenbezeichnungen usw. in diesem Werk berechtigt auch ohne besondere Kennzeichnung nicht zu der Annahme, dass solche Namen im Sinne der Warenzeichen- und Markenschutz-Gesetzgebung als frei zu betrachten wären und daher von jedermann benutzt werden dürften.

Umschlaggestaltung: KünkelLopka Medienentwicklung, Heidelberg
Druck und buchbinderische Verarbeitung: Krips b.v., Meppel
Gedruckt auf säurefreiem und chlorfrei gebleichtem Papier
Printed in the Netherlands

ISBN 978-3-531-15375-9

Inhaltsverzeichnis

Vorwort 7

Eckart Pankoke
„Macht" – „Geld" – „Sinn".
„Kulturen der Arbeit" zwischen
Freiheit und Gerechtigkeit 15

Christian Bermes
Arbeit, Beruf und Person 45

Reinhard Pfriem
Fünfundzwanzig Möglichkeiten, über den Sinn von
Arbeit nachzudenken (als Betriebswirt anfangend
bei der Betriebswirtschaftslehre) 69

Wieland Jäger
Arbeitsvermögen oder „Menschenregierung"?
Der Sinn-Mythos moderner Arbeitsorganisation 111

Kurt Röttgers
Muße 161

Ute Luise Fischer
Zur Bedeutung der Arbeit für die Sinnstiftung des
modernen Subjekts 183

Thomas Matys
Welche Arbeit? Welcher Sinn?
Einige (wissens-)soziologische Bemerkungen
zu einem historisch kontingenten Dispositiv 203

Autoren 223

Vorwort

Seit sich die Lohnarbeit als gesellschaftlich dominante Form der Organisation von Arbeit durchgesetzt hat, stellt sich eine zunehmende Spannung zwischen den Bedürfnissen des arbeitenden Individuums und den Erfordernissen des Marktes und damit auch eines Arbeits-Marktes heraus. Indem im 20. Jahrhundert eine alle Lebensbereiche erfassende Ökonomisierung stattgefunden hat, zeigt sich, bezogen auf die Perspektive der Entwicklung von Arbeit, zweierlei, nämlich

- dass mit den neuen Steuerungsformen von Arbeit die individuelle Arbeitskraft direkt und vermittlungslos den Anforderungen des Marktes gegenübersteht. Selbstorganisation, Flexibilität der Arbeitszeit u. a. minimieren den gestaltungsfreien Raum zwischen dem Leben der Individuen und den Anforderungen des Marktes;
- dass sich die Rückkehr der Individualisierung in die Ökonomie vollzieht. Die Voraussetzungen und Bedingungen von Arbeit (incl. der Chancen und Risiken) werden zunehmend individualisiert.

In einer Phase des Übergangs wird deutlich, dass der Aspekt der Arbeits-Gestaltung im Sinne einer Einflussnahme auf Technikgestaltung und Organisationsformen von Arbeit an Gewicht verliert. Das hat zur Folge, dass die mit Arbeit (auch) in Aussicht gestellte Sinnperspektive in der Arbeit immer weniger eingelöst werden kann.

Dieser Sachverhalt wirft soziologische und wirtschaftsphilosophische Fragen nach dem Sinn von Arbeit erneut auf. Die von Augustinus oder gemäß Weber vom klassischen Protestantismus angebotene Sinndeutung von Arbeit ist nicht länger anschlussfähig, so dass eine erste Frage an diese Tradition lauten würde: Liegt der Sinn von Arbeit in dieser selbst oder in der Ermöglichung eines möglichst opulenten Anderen-der-Arbeit, also etwa der Freizeit – anders gefragt: Hat Arbeit einen Sinn oder bezieht sie ihren Sinn daraus, Mittel zu anderem Sinnvollem zu sein? Ist Arbeit als sinnstiftendes Medium, als vereinigende Mitte einer gemeinsamen, kooperativen Praxis aufzufassen, oder aber ist Arbeit bloßes Mittel im Sinne einer technisch aufzufassenden Zweck-Mittel-Relation?

Von der Entscheidung, aber auch von der Nichtentscheidung dieser Fragen hängt sehr viel ab für die Deutung der Arbeit sowohl als gesellschaftliche Konstruktion als auch als dem Individuum angebotene oder zugemutete Deutungsschablone seiner eigenen Lebensführung und Konstruktion individueller Sinnbedürfnisse. Was heißt es z.B., dass die Arbeit der arbeitenden Individuen heute und vermutlich in weiter zunehmendem Maße die Subsistenz einer großen Zahl Nichtarbeitender sichert: Kinder, Schüler, Studenten, geschiedene Ehefrauen, Invaliden, Rentner, Arbeitslose, Strafgefangene, Soldaten u. v. a. m.? Hat die Arbeit den Sinn in sich, dann sind alle diese Sinn-los; ist die Arbeit aber notwendiges Mittel für Sinn außerhalb, dann entsteht ein Legitimationsdefizit, warum die einen für die anderen arbeiten müssen und nicht in radikaler Konsequenz der Individualisierung nur für die eigenen Sinn- und Zwecksetzungen. Oder erfolgt die Sinn-Distribution etwa so, dass die Arbeitenden den Sinn in der Arbeit finden (sollen), die Nichtarbeitenden aber im Jenseits der Arbeit? Dann wären die Arbeitenden die „Dummen" und die Nichtarbeitenden diejenigen, die sich erfolgreich an das Ende der parasitären Kette gesetzt hätten. Was heißt das für den Sinn der Arbeit für die Nichtarbeitenden oder potentiell Nichtarbeitenden; sind sie Sinn-Erwartende, Sinn-Parasiten oder Sinn-Beraubte? Was aber hieße das für die Arbeitenden? Deren Bewertung von Arbeit hängt auch und maßgeblich von individuellen lebensgestalterischen Perspektiven ab. Unter den gewandelten gesellschaftlichen Bedingungen steht Arbeit jetzt in einem reflektierten ökonomischen, sozialen und kulturellen Kontext. Ihre Befriedigung und ihr Sinn erwachsen mehr und mehr aus den Beziehungen zu einer Welt, durch die Arbeit vermittelt ist. Das individuelle Interesse an der Gestaltung von Arbeit gegen Fremdbestimmung verlangt die Bilanzierung von Arbeit im Rahmen der Gesamtdeutung des individuellen Lebens, dessen Inhalt sich nun nicht mehr aus den Inhalten des Berufs ergibt, sondern aus der Freiheit und zugleich dem Zwang, Beruf selbst zu definieren und der Arbeit darin einen angemessenen Platz zuzuordnen.

Fasst man aber Arbeit nicht mehr als Mittel zu einer ganz anderen Sinndeutung auf, dann bleibt dennoch auch für die Arbeitenden die Frage, wie in diesem Zusammenhang das Los der Nichtarbeitenden gedeutet wird, wenn diese sich nicht selbst quasi autistisch als workoholics verstehen. Was ist der in der Arbeit liegende Sinn-des-Arbeitens-für-Andere, darf man hier wirklich einen so weitgehenden Altruismus nicht nur unterstellen, sondern auch gesellschaftspolitisch als stabil annehmen?

Ist aber Arbeit nicht Mittel zu einem Zweck, der nicht Arbeit heißt, sondern Medium im Sinne von Mitte, dann wäre es nicht ganz unproblematisch, das Andere-für-sich-arbeiten-Lassen als eine der gesellschaftlich sinndistributiv zugestandenen Alternativen für Arbeit darzustellen. Und im Übrigen müsste man dann auch weitere Alternativen neben Arbeiten und Arbeiten-Lassen gesellschaftlich anbieten, um aus der Deutungsspirale des Parasitären herauszukommen.

Wenn man also sagen wollte, dass Arbeit nur dann einen lebenswirklichen Sinn hat, wenn sie sich einen eigenen Raum (einen Zwischen-Raum im Sinne von Medium) schaffen kann, und das heißt auch eine Stätte, an der sie sich vollzieht, dann müsste man vielleicht auch vorsehen, dass die Arbeitenden sich diese Räume aneignen und gestalten können. Aber auch dann bliebe zu klären, wie diese Mentalität gesellschaftlich zugerechnet und zugeteilt werden wird.

Die in diesem Band versammelten Arbeiten, die auf das dankenswerterweise von der Hans Böckler Stiftung geförderte II. Hagener Kolloquium zur Wirtschaftsphilosophie im November 2006 zurückgehen, greifen diese Fragen auf.

Eckart Pankoke, der leider kurz nach der Zusendung seines Manuskripts verstorben ist, wirft in seinem hintergründig zweideutigen Beitrag „Macht – Geld – Sinn" ein soziologisches Licht auf die Kommunikationsmedien „Macht", „Geld" und „Sinn" und auf das Problem, das Hannah Arendt bereits in „Vita activa" benannt hatte: Welche Sinnstiftungsmechanismen werden wirksam, wenn der Arbeitsgesellschaft die Arbeit ausgeht? Pankokes Auskunft darf man durchaus als optimistisch lesen, weil er auf die Sinnstiftungsprozeduren aufmerksam macht, die längst im Zwischenbereich der großindustriellen Projekte herangewachsen sind. Das sind zum einen die vielfältigen Projekte, die sich dem „Steuerungsmedium Solidarität" verdanken, zum anderen die sich neu eröffnenden kulturellen Felder, die „Chancen der Konversion von industrieller Produktivität in kulturelle und kommunikative Aktivität" darstellen. Diese Konversion lässt auch die Konzeption eines Rechts auf Arbeit nicht unberührt, weil Sinnstiftung nun primär über die Partizipation an den kommunikativen Texten und Kontexten einer post-industriellen Kultur- und Wissensgesellschaft zu gewinnen ist.

Christian Bermes geht dem Phänomen der Krise der Arbeit aus philosophischer Sicht nach. Seine Ausgangsfrage ist dabei eine anthropologische: Was bedeutet Arbeit eigentlich für uns Menschen? Seine abschließende Antwort würdigt die sozialphilosophische Bedeutung der Arbeit in der Form des

Berufs, der den Einzelnen zugleich entlastet und sozial bindet.

Der Beitrag von Reinhard Pfriem geht von betriebswirtschaftlichen Gesichtspunkten aus und entwickelt in 25 engagierten und z. T. auch provokant zugespitzten Thesen ein Panorama von Variationen, über den Sinn von Arbeit nachzudenken.

Wieland Jäger exponiert als Soziologe drei Thesen zum Sinn von Arbeit, nämlich dass dieses Konzept erstens ein Mythos ist, Mythos genommen als narrative Ordnung, die auf einen Ursprung bezogen ist, dass zweitens dieser Mythos von den einschlägigen Soziologien als Chancen- oder als Risikogeschichte erzählt wird und dass drittens dieser Mythos dekonstruiert werden muss, weil er im Postfordismus illusionär geworden ist.

Im Beitrag von Kurt Röttgers wird versucht, dem Arbeitsbegriff durch seinen Gegenbegriff auf die Spur zu kommen. Der zeitphilosophisch fundierte Vorschlag ist, diesen als Muße zu begreifen und Arbeit und Muße nur komplementär zueinander als sinnbegründend zu verstehen.

Die Soziologin Ute Luise Fischer hält die Dominanz der Arbeit sowohl für die Konstitution der Gesellschaft als auch für die Identität des Einzelnen und seine Integration in die Gesellschaft für verfehlt; das hat Folgen für die Sinndiskussion. Als alternative Orientierung schlägt sie die Bürgergesellschaft vor.

Die abschließende wissenssoziologische Erörterung der Konzepte von Arbeit und von Sinn durch Thomas Matys kommt zu dem Verdacht, dass die Frage nach dem Sinn von Arbeit eine sinnlose Frage sein könnte. Matys Feststellung „Arbeit *ist* Sinn" dürfte wohl nicht das letzte Wort in der Debatte sein, wie die Vielfalt der Perspektiven dieses Bandes zeigt.

Wieland Jäger, Kurt Röttgers
Hagen, im August 2007

„Macht" – „Geld" – „Sinn".
„Kulturen der Arbeit" zwischen Freiheit und Gerechtigkeit

Eckart Pankoke

Macht – Geld – Sinn: diesen Begriffsverbund verbinden wir im Alltag eher mit Fragezeichen: „Macht Geld Sinn?" so fragen wir uns, wenn wir sprechen über den Lohn von Arbeit und die darin aufscheinende Spannung von Macht und Sinn. Anders als in der Alltagssprache fassen soziologische Theorie-Sprachen „Macht", „Geld" und „Sinn" als Kommunikationsmedien funktionaler Systembildung. Und dies verweist uns auf Sinn- und Systemfragen der gesellschaftlichen Organisation von Arbeit.

Als Strukturfragen stellen sie sich im Bezug auf die Verteilung von Geld und Macht. Kulturelle Fragen verweisen hingegen auf Zusammenhänge von äußerer Form und innerem Sinn. So verstand die „verstehende Soziologie" Max Webers die „Kulturbedeutung" sozialer Wirklichkeit darin, dass in jeder „Sozialgestalt" der sich darin realisierende „Sinngehalt" zu erkennen ist, und umgekehrt jede kulturelle Sinnkonstruktion in bewusster sozialer Gestaltung ihre strukturelle Realisation findet.

Arbeit war traditionell eingebunden in die Ordnungen von Herrschaft und die Bindungen von Gemeinschaft. Erst in der Moderne kam es zur Rationalisierung organisierter Arbeit durch die Ausdifferenzierung funktions-spezifischer Systembildung. So wurde Arbeit reguliert und rationalisiert über die Mechanismen des Marktes.

Heute – in den *Krisen der Arbeitsgesellschaft* - kommt es darauf an, soziale Praxis zu aktivieren – auch jenseits der Arbeitsmärkte. So ist der gesellschaftliche Wert von Arbeit rein über den Geldmechanismus kaum noch zu bestimmen. Alternativen entwickeln sich als Solidararbeit über das „Steuerungsmedium Solidarität" (Kaufmann) oder auch über die „praktischen Künste" kommunikativen Handelns. Die heute beobachtbaren Transformationen der industriellen Arbeitsgesellschaft in eine postindustrielle Kommunikations- und Wissensgesellschaft sprengen dann die klassischen Rationalisierungen industrieller Arbeitsteilung. Jenseits der industriellen „Organisation von Arbeit" gewinnt soziale Praxis und kommunikatives Handeln heute aufs Neue lebensweltliche und sozialräumliche Relevanz.

1 „Organisation der Arbeit": Gesellschaftsgeschichtliche Perspektiven

Auch in moderneren Zeiten war gesellschaftliche Arbeit nicht nur getrieben durch die Zwänge von Macht und Geld, sondern war immer auch bewegt durch die Suche nach Sinn.

Zur Entwicklungen der Strukturen und Kulturen gesellschaftlicher Arbeit sind nun die geschichtlichen Stufen und Sprünge zu markieren als Schwellen auf Wegen in die Moderne. Den damit angesagten Diskursen zu kulturellen Öffnungen und strukturellen Zwängen organisierter Arbeit wollen wir zunächst einige mythische Bilder vorschalten, die für die jüdisch-christlichen Wurzeln des alten Europa und dessen Kulturen der Arbeit prägend wurden:

1.1 Mythische Bildwelten: Kanaan, Babylon, Jerusalem

Beginnen wir mit den biblischen Bildern vom „gelobten Land" über den „Turmbau zu Babel", hin zum „neuen Jerusalem":

- *„Gelobtes Land"*: die Verheißung gesegneter Arbeit war die Antwort auf den Fluch der Arbeit, der die Vertreibung aus dem Paradies bekräftigte: „Im Schweiße Deines Angesichts sollst Du Dein Brot essen." Demgegenüber blieb Arbeit in freier Gemeinschaft die zentrale Vision jüdisch-christlicher Hoffnung. Die Geschichten der Bibel erzählen vom gelobten Land, nicht nur im Blick auf die hier fruchtbare Erde, sondern auch in Würdigung einer neuen Produktivität kooperativer und kommunikativer Arbeit, „Hand in Hand" wird soziale Praxis produktiv in der Vermittlung von „Arbeit" und „Sprache".

- *„Turmbau zu Babel":* – nicht weit vom heutigen Bagdad – manifestierte sich das babylonische Gegenbild geballter Macht und getürmter Technik. Zwangs-Arbeit erschien hier als Druckmittel zentralisierter Macht. Aber: die großen Systeme struktureller Gewalt und technischer Perfektion wurden störbar und zerstörbar – nicht durch Blitz und Donner ‚von oben', oder durch Terror ‚von außen', sondern wie die Bibel erzählt durch kulturellen Verfall „von innen", durch die kommunikative Störung einer Verwirrung der Sprachen.
- *„Neues Jerusalem":* überlagert als Utopie den globalen Krieg der Kulturen mit der „pfingstlichen Hoffnung", dass bei aller kulturellen Vielfalt ein friedliches Begegnen und Verstehen die Welt in Bewegung bringt. Solche Visionen konkretisieren sich dann auch in den Utopien einer „Befreiung der Arbeit" und einer friedlichen Verständigung auf soziale Gerechtigkeit.

Das Großprojekt „Babylon" scheiterte an der Störung und Zerstörung menschlicher Sprache. Schuld schien eine „Hybris der Macht", die menschliches Maß und menschliche Freiheit zu sprengen drohte. Wenn in der technischen Zivilisation organisierte Arbeit in ihrer steigenden Abstraktheit und Komplexität mit unseren Mitteln und Medien „kommunikativen Handelns" nicht mehr zu steuern und zu verantworten ist, dann sind wir der Wucht unserer Werke nicht mehr gewachsen. Die Komplexität der Systeme wächst uns „über den Kopf" und die „anthropologische Balance" von

"System und Lebenswelt" (wie Habermas formulieren würde) zerfällt in „babylonischer Sprachverwirrung".

Die alten Mythen bewahren also Grundmuster und Grenzformen sozialer Wirklichkeit, deren tragisches Scheitern und den immer wieder gewagten Aufbruch zu neuen Wegen – wie wir es heute als Konstruktion, Kommunikation und Organisation gesellschaftlicher Sinn- und Systembildung soziologisch beschreiben.

1.2 „Ora et Labora": Kultur und Arbeit

Das „Ora et Labora" der frühen Benediktiner verweist auf die Doppelbindung des Menschen zwischen spirituellen Heil, kulturellem Sinn und strukturellen Zwängen. Aber der Zwang radikaler Bindung gründete in der Freiheit einer durch Glauben bewegten Selbstbindung. Das begründete auch ein neues Verhältnis zur Arbeit in Gemeinschaft.

Im Reformprozess der Zisterzienser wurde beides radikalisiert: durch eine neue Rationalität organisierter Arbeit und durch eine neue Spiritualität geistlicher Praxis.

Die neue Rationalität zisterziensischer Arbeit fand ihren Motor darin, dass sich Arbeit verband mit den neuen Prinzipien rationaler Organisation, deren Produktivität sich steigerte durch die Verbindung menschlicher Arbeit mit moderner Technik: Wasserbau, Architektur und Bautechnik, Bergbau und Hüttentechnik und wohl ganz entscheidend Schreibtechnik. Als bewusst zur Rationalisierung von Arbeit eingesetztes Kommunikationsmedium bewährten sich Temposteigerungen der Verschriftlichung von spiritueller Weisheit wie von technischem Wissen.

Wir werden den Zisterziensern aber kaum gerecht, wenn wir sie nur als frühe Pioniere und Ingenieure einer industriellen Technik bewundern.

Auch auf höchstem technisch-organisatorischen Niveau fand schwere Arbeit und große Organisation ihren Sinnhorizont in der spirituellen Kultur gelebten Glaubens. Daraus kamen die inneren Kräfte, die Mut machten, festgefahrene Rahmen zu sprengen und unter dem Himmel des Heils sich dem Unheil gesellschaftlicher und technischer Fehlentwicklung aktiv zu stellen.

1.3 „Protestantische Ethik und Geist des Kapitalismus"

Dieser in der soziologischen Modernisierungstheorie Max Webers herausgearbeitete Wirkungszusammenhang führte zu einer epochalen Neubewertung von organisierter Arbeit und produktiver Leistung.

In der protestantischen Reformation formulierte Martin Luther in seinem „Sermon von den guten Werken" zur Bewertung von gesellschaftlicher Arbeit die radikale Wende. Als „gute Werke" galten nicht nur die „frommen Werke" des Gottesdienstes", sondern auch der soziale wie wirtschaftliche Einsatz praktischer Weltgestaltung und Weltverantwortung, vor allem, wenn dies selbstlos getan wurde im Dienste der

Gemeinde. Gemeinschaftliche Arbeit wurde zum Bewährungsfeld der aktiven „Freiheit eines Christenmenschen".

Diese religiöse Anerkennung gesellschaftlicher Arbeit wurde bald radikalisiert zum inneren Zwang. Die Reformatorische Schrift „*Wider den Faulteufel*" wurde zum theologischen Auftakt einer durchgreifenden Sozialdisziplinierung; die religiöse Pflicht wurde säkularisiert zum inneren Zwang.

Arbeit begründete sich nun nicht mehr im Bezug auf Gott als den Herrn freier Arbeit, sondern Gott wurde abgelöst durch das Geld, worüber sich der wirtschaftliche Ertrag und bald auch der gerechte Lohn rechnen sollte. Voraussetzung war die Umstellung von älterer Naturalwirtschaft auf moderne Geldwirtschaft.

Der alte Satz „*Wer nicht arbeitet, soll auch nicht essen*" radikalisierte sich über die Rechnung, dass Nahrung nur noch in Warenform für Geld zu bekommen sei, und dass Geld erst verdient werden musste als Lohn einer gleichermaßen zur Ware werdenden Arbeit. Hintergrund waren die modernen Systembildungen einer rein über Geld gesteuerten Marktwirtschaft und einer rein auf Macht fixierten Staatsraison. Dies wurde zur Basis der industriellen Revolution als radikale Rationalisierung organisierter Arbeit. Zugleich wurde das „Recht auf Arbeit" zum Kriterium sozialer Gerechtigkeit.

1.4 Arbeit im „Europäischen Revolutionszeitalter"

Die moralphilosophischen wie nationalökonomischen Vordenker des Europäischen Revolutionszeitalters versprachen sich in der Verbindung von technischem Forschritt und wirtschaftlichen Wachstum noch den zum Reich der Freiheit berufenen Neuen Menschen:

Auf den Begriff kam der radikale Paradigmenwechsel durch den deutschen Revolutionsphilosophen Fichte, der im Bezug auf die moderne Organisation der Arbeit einen Wandel der Organisationsprinzipien forderte: *„von Subordination zur Koordination"*. Fichtes daraus abgeleitete Programmformel *„Wechselwirkung aus Freiheit"* galt nicht für eine moderne Organisation der Arbeit, sondern wurde zur Perspektive eines revolutionären Wandels industrieller Organisation zur „großen Assoziation", wie es Marx und Engels später im Schlusssatz ihres Manifestes von 1848 radikalisierten.

Eine humanistische Umwertung der Arbeit wurde im Vorfeld moderner Soziologie vorbereitet durch die philosophischen wie theologischen Klassiker eines deutschen Idealismus und Humanismus. Dies Richtung markierte der romantische Theologe und Soziologe Friedrich Schleiermacher in seiner „4. Rede über die Religion": *„Jetzt seufzen Millionen von Menschen beider Geschlechter und alle Stände unter dem Druck mechanischer und unwürdiger Arbeiten. <...> Das ist die Ursache, warum sie den freien und offenen Blick nicht gewinnen, <...> dass wir unsere eigenen Sklaven sein müssen, denn ein Sklave* ist jeder, der etwas verrichten muß, was durch tote Kräfte sollte bewirkt werden können.

Das hoffen wir von der Vollendung der Wissenschaften und der Künste, dass sie uns die toten Kräfte werden dienstbar machen, dass sie die körperliche Welt und alles von der geistigen, was sich regieren lässt, <...> verwandeln werden. <...> Dann erst wird jeder Mensch ein Freigeborener sein, dann ist jedes Leben beschaulich und praktisch zugleich." (Schleiermacher, Reden über die Religion, 4.Rede.)

In der Romantik zählte der strategische Denker Clausewitz die „Kunst des Organisierens" zu den „praktischen Künsten". Dieser Zusammenhang von Sinngehalt und Sozialgestalt gilt auch für die moderne „Organisation von Arbeit".

In der industriellen Moderne verband sich die Organisation des Arbeit mit den kulturellen Ansprüchen des Europäischen Revolutionszeitalters: „Freiheit, Gleichheit und Brüderlichkeit", die revolutionären „Ideen von 1789" sollten eingelöst werden in neuen Strukturen und Kulturen der Organisation von Arbeit: „Brüderlichkeit" radikalisierte sich in der Solidarität der Arbeiterbewegung, „Gleichheit" wurde zum Kriterium einer als „Lohn der Arbeit" als soziale Gerechtigkeit einzulösenden „Freiheit der Arbeit". (Die war später zu konfrontieren mit der strukturellen Gewalt von Zwangsarbeit – bis hin zur verhöhnenden Parole auf den Toren totalitärer Arbeits- und Todeslager: „Arbeit macht frei".)

Gerade im Kontrast zu den philosophischen Hoffnungen erscheinen die Real-Diagnosen der sozialen Folgen industriekapitalistischer Arbeitsrationalisierung umso düsterer.

1.5 Kritik und Krise industrieller Arbeit bei Marx

Kronzeuge einer auf die Organisation von Arbeit fokussierten radikalen Systemkritik wurde Karl Marx als früher Theoretiker der industriellen Arbeitsgesellschaft und ihrer Dialektik.

„In der Arbeit außer sich, außer der Arbeit bei sich" – Marxens berühmte Formel „proletarischer Entfremdung" bezieht sich auf Produktionsverhältnisse des *„in der Arbeit außer sich"*, deren Verdinglichung der menschlichen Kräfte jedes darauf gründende Selbstbewusstsein sozialer Identität durchkreuzen, und auf Reproduktionsverhältnisse, des *„außer der Arbeit bei sich"*, womit Marx markieren wollte, dass der Proletarier außerhalb der Arbeitzeit auf die rein physische Regeneration von Leib und Leben zurückgeworfen sei. Im Zwang, seine Arbeitskraft und die nachkommenden Arbeiter-Generationen für die Arbeit bei Kräften und bei Laune zu halten, müsse der Proletarier sich verausgaben und wäre dann selbst zu schwach, sich noch über das unmittelbar Eigene hinaus für Andere oder gar für solidarische Gemeinschaft und demokratischen Öffentlichkeit interessieren und engagieren zu wollen.

Der Begriff der „Masse" wurde für Marx zur Problemformel für die struktureller Verweigerung aller für eine „aktiven Gesellschaft" konstitutiven Kräfte personaler Identität wie Solidarität. Dagegen setzte Marx seine Strategie, die in die Passivität gedrückte *Masse* als revolutionäre *Klasse* zu mobilisieren.

Den theoretischen Rahmen dazu fundierte Marx in seinem Schlüsselwerk „Das Kapital" als systemkritische Analyse der „Organisation von Arbeit" im industriellen Kapitalismus. Im Eröffnungssatz heißt es Anschluss an den „Reichtum der Völker" bei Adam Smith vielsagend:

„Der Reichtum der Gesellschaften, die von kapitalistischer Produktionswiese beherrscht werden, gründet auf einer ungeheuren Warensammlung".

Das „Ungeheure" daran ist, dass alles Menschliche zur „*Ware*" wird - Gerade auch die Arbeit wird organisierbar über ihre „*Warenform*", aber die Arbeit als Ware, wir sie auf Arbeitsmärkten vermarktet wird und so abstrahieren muss vom Leben der Menschen. Was geschieht mit den Menschen, wenn ihre Arbeit zur Ware wird? Sie unterwerfen sich damit dem Leistungs- und Tempodruck einer immer schärfer mobil machenden Produktion:

Bis heute verdanken wir der kritisch-revolutionären Arbeitstheorie der klassischen Arbeiterbewegung Impulse für neue Wege sozialer Gerechtigkeit.

Die Marxsche Utopie einer solidarischen Arbeitsgesellschaft als „große Assoziation" – so das Kommunistische Manifest – setzte auf den Zusammenbruch des kapitalistischen

Systems. Dies zielte auf die „Diktatur des Proletariats" der kommunistischen Revolution.

Doch all dem widersprachen die geschichtlichen Entwicklungen moderner Gesellschaft. Im Osten scheiterte 1989 das Diktat des Staatssozialismus – genau 200 Jahre nach der großen Revolution des Westens. Und im Westen stabilisierte sich das kapitalistische Industriesystem im Wechselspiel von Wohlfahrtsstaat und Wohlstandsgesellschaft.

1.6 Fordismus: Konsumgesellschaft als Motor der Arbeitsgesellschaft

Eine Antwort der Praxis auf Kritik und Krise der Arbeit präsentierte sich zunächst in den Visionen des Henry Ford. Die nach ihm als „Fordismus" bezeichnete Dynamisierung industrieller Arbeitsgesellschaft sollte zugleich auch die motivationalen Grenzen der Arbeit unter Kontrolle bringen:

Die Produktivität industrieller Massenarbeit sollte sich auszahlen in Massenwohlstand. Die Produzenten versprachen sich davon eine Massenkaufkraft der arbeitenden Konsumenten, was die Massenproduktion erst rentabel machte. Jedem Arbeiter seinen „Ford" oder später in Deutschland seinen „Volkswagen"! Der damit symbolisierte Massenkonsum wollte angetrieben werden, indem auch in der Zeitstruktur die Grenze zwischen der Arbeitszeit immer mehr zur Freizeit verschoben wurde. Wohlstand konnte sich nun umso mehr entfalten, wenn durch arbeitsfreie Feierabende,

Wochenenden und Ferienwochen die für den konsumgesellschaftlich vermarkteten Bedarf die „kommandierenden Bedürfnisse" (Nietzsche) entstanden.

Die Marx'sche Kritik der Entfremdung schien sich im Fordismus aufzulösen durch attraktive Angebote der „Entlastung". Industrieller Rationalisierungsdruck galt als zumutbar durch die in Aussicht gestellte Entschädigung des kalkulierbaren Anspruchs auf Lohn und freie Zeit. Zunehmend verlagerte sich dann auch die Frage der Identität aus der Arbeitswelt in die freien Zonen und Zeiten des privaten Lebens.

Die Überlagerung der asketischen Disziplin organisierter Arbeit durch die neuen Bedürfnisse von Konsumgesellschaft erschien vielen Unternehmern wirtschaftlich ertragreich, wenn auch moralisch problematisch. Der als „König Kunde" in seiner Konsumenten-Souveränität umworbene Verbraucher entwickelte nun neue Verhaltensweisen, welche zur industriell organisierten Autorität nicht mehr passten. Es entwickelte sich ein offensiver Anspruch auf Selbst-Verwirklichung, der aus den neuen Konsumwelten in die alte Arbeitswelt ausstrahlte und deren Autoritäten aushöhlten. Erst später wurde bewusst, dass eine neue Arbeitswelt den in den neuen Konsumwelten eingeübten Eigensinn durchaus verwerten konnte.

Heute aber sieht es so aus, als ob die einst scharf gezogene Systemgrenze zwischen Arbeitszeit und arbeitsfreier Zeit sich dramatisch in Richtung auf Nichtarbeits-Zeiten verschiebt. Die Zeit ohne Arbeit erscheint dann weniger als „frei", denn als „leer".

Wir Soziologen sprechen hier von „Post-Fordismus" und meinen damit die sozialen Folgen jener „Revolutionierung aller Kommunikations- und Produktionsverhältnisse" (so die epochale Diagnose aus dem Manifest von Marx und Engels mit heute ganz neuem Sinn). Die Umstellung von einer produktionszentrierten zur kommunikationszentrierten Wirtschaft, von der Arbeits- zur Wissensgesellschaft bedeutet eine Transformation, ja Erosion der einst industriell rationalisierten „Grenzen von Arbeit".

Post-Fordismus wurde zunächst begrüßt als eine Befreiung von Arbeit. Längst aber müssen wir lernen, dass die Entleerung der Produktion von menschlicher Arbeit bzw. die Abwanderung von Arbeitsplätzen in Regionen der billigen und willigen Arbeitsplätze die fordistische Gleichung von Arbeit und Wohlstand ins Rutschen bringt – und dann auch die durch Rationalisierung der Arbeit verbundene Freisetzung von Freizeit, immer weniger als freie Zeit und immer mehr als leer Zeit erfahren werden muss. Auch die klassischen Sinnstrukturen industrieller Arbeitsdisziplin brechen nun weg.

Hier im Standort Deutschland kann sich nur noch solche Arbeit halten, die dem Innovationsdruck der globalen Märkte gewachsen bleibt. Das ist für viele der „Young Urban Professionals" die Chance des Umstiegs zum Aufstieg.

Aber nicht alle, welche im Rationalisierungsdruck der Arbeitswelt fallen gelassen wurden und damit zum „Fall" sozialer der sozialen Dienste wurden, können sich neu orientieren und stürzen dann im freien Fall immer tiefer. Existenzrisiken und Existenzangst finden sich übrigens nicht nur an der Armutsgrenze der sog. „einfachen Arbeiter". Soziologen sprechen heute auch von „prekärem Wohlstand" einer sich weitenden Entsicherung des auf Arbeit gründenden Wohlstands, der durch plötzliche Einbrüche in die als sicher geltenden Halte von Arbeit, Gesundheit oder Familienleben schnell ins Leere treiben kann.

Sozialräumlich ballen sich die Risiken gerade in den in ihrer einstigen Solidität und Solidarität so stabil scheinenden Arbeiterquartieren, die längst von den jungen beruflich und familiär Erfolgreichen wie fluchtartig verlassen werden. Das gilt für die für Einheimische wie für Migrationsbevölkerung gleichermaßen.

1.7 Krise der Arbeitsgesellschaft: Wenn die Arbeit ausgeht

Doch seit den 1980er Jahren ist unsere Generation heute dramatisch bewegt von den „Krisen der Arbeitsgesellschaft". Dies Motto zum Soziologentag 1982 „Krisen der Arbeitsgesellschaft" wurde ausgegeben von Hannah Arendt in ihrem Buch „Vita Activa".

Die Dramatik, dass „der Arbeitsgesellschaft die Arbeit" ausgeht, wurde uns erst bewusst im beschäftigungspolitischen Drama des deutschen Einigungsprozesses. Hier spürten wir nicht nur, dass die vorgebliche Produktivität einer staatssozialistischen Organisation der Arbeit sich bald – unter dem Druck der sich nun öffnenden globalen Märkte – als brüchig erwies. Eine in der alten DDR trotzig auf die Fahnen geschriebene *Solidarität* der kommunistischen Arbeitsgesellschaft schien nicht mehr vereinbar mit der auf den Weltmärkten nun neu gefragten *Produktivität*. Dies erklärt, warum für viele Ostdeutsche das „Plattmachen" ihrer Betriebe und damit der Verfall ihrer Arbeitskraft mehr bedeutete als nur eine ökonomische Einbuße von Einkommen. Da hier alles im sozialen Leben auf Arbeit zentriert war und die Arbeit für die Konstruktion sozialer Identität und Solidarität alles bestimmte, musste der bisher tragende Lebenssinn nun auf tragische Weise zusammenbrechen.

Inzwischen ist diese Erfahrung von „Grenzen der Arbeit" auch im Westen angekommen. Gerade im Ruhrgebiet müssen wir Antwort suchen auf die Strukturbrüche der hier einst heischenden Ballung industrieller Arbeit. Hier war das alte Revier geprägt durch eine spezifische Einheit von Arbeit und Leben – in zwingender Wechselwirkung von schwerer Arbeit, großer Organisation und starker Kultur.

Der weitgehende Zusammenbruch der Schwerindustrie von Kohle und Stahl wird akut spürbar in den Ballungszonen der einstigen Arbeiterquartiere. Hier wird die Krise der Arbeitsgesellschaft als soziale Verelendung sinnenfällig, zumal sich die noch vor wenigen Jahren ins Land geholte, nun aber auf veränderten Arbeitsmärkten nicht mehr gefragte Migrationsbevölkerung in den „sozialen Brennpunkten" einer schrumpfenden Arbeitsgesellschaft sich immer mehr konzentrieren und isolieren wird. Mit der Krise der Arbeit verfällt nicht nur wirtschaftliche Prosperität, es zerfallen auch die durch die Arbeitswelt geprägten Halte sozialer Solidarität.

Das macht aber auch bewusst, dass die Arbeitslosigkeit nicht zu individualisieren und damit zu moralisieren ist, sondern zu verantworten ist als „soziale Frage" dramatischer Strukturbrüche: Heute hat nur noch ein Drittel der Deutschen eigenes Arbeitseinkommen und muss damit das Überleben einer ökonomisch nicht produktiven Rest-Bevölkerung sichern: Dazu zählen nicht nur Kinder, Jugendliche und Alte, sondern auch die Arbeitslosen und durch vielfältige Ersatzlösungen aus außerhalb der harten Grenzen der Arbeitsgesellschaft aufgefangenen Mitbürger. Die Krise verschärft sich dramatisch nicht nur in den Grenzsituationen hoffnungsloser Armut, sondern auch in den riskanten Lagen eines vor plötzlichen Absturz bangenden „prekären Wohlstands".

Damit steigen die Soziallasten des produktiven Kerns, der nur noch widerwillig bereit ist, mit seinem Einkommen sich mit den ausufernden Rändern zu solidarisieren.

Zudem bedroht ein neuer „Krieg der Generationen" den bislang stabilisierten und legitimierten Generationenvertrag. Zugleich baut sich Widerwille auf, den parasitären Rand der Arbeitsgesellschaft mitzufinanzieren. Gerade die Hartz-IV Regelungen mit dem Zurückfahren der Ansprüche auf arbeitsloses Transfereinkommen signalisieren solche, sich heute verschärfenden „Grenzen der Solidarität".

Betroffen sind davon gerade die Schwachen und Langsamen. Deren Risiko verschärft sich mit der Dauer von Arbeitslosigkeit. Kompetenzprofile und Motivationskräfte sind gefährdet zu verfallen, wenn sie nicht gefördert und gefordert werden. Entsprechend marschieren die neuen Reformen des Arbeitsmarktes unter der Fahne „Fordern und Fördern".

Die dramatischen Krisen der Arbeitsgesellschaft in den neuen Bundesländern und die damit verbundenen Entwicklungen hin zur „schrumpfenden Gesellschaft" in den weiträumigen Problemzonen ländlicher Streuung mit dramatischer Ausdünnung der sozialen Räume finden nun eine westliche Entsprechung in den alten Arbeiterquartieren industrieller Ballung – gerade im Ruhrgebiet, etwa in sozialen Brennpunkten wie Essen-Katernberg oder Duisburg-Marxloh. Die hierhin durch den Arbeitsbedarf der Schwerindustrie angezogene Arbeitswanderung brachte eine arbeitswillige, aber nur bedingt lernfähige Arbeitsbevölkerung in die Region, deren Arbeitsvermögen nun aber immer weniger gefragt ist. So steigt der Anteil der auf Transfereinkommen angewiesenen Mitbürger dramatisch.

1.8 Reform der Arbeit oder „Surfer durchfüttern"

Breite Einigkeit im Diskurs über die aktuellen Arbeitsmarktreformen besteht darin, dass es höchste Zeit war, in der sich verfestigten und zugleich verschärfenden Krisen der Arbeitsgesellschaft das Steuer umzuwerfen. Der alte Optimismus des „kurzen Traums immerwährender Prosperität", die alle in „sozialer Sicherheit" sich wiegen ließen, stieß längst an Grenzen des Wachstums. Die in den fetten Jahren von Wohlfahrtsstaat und Arbeitsgesellschaft gehorteten Wohltaten und die darum gebauten Schutzrechte erweisen sich nun als Belastungen, die eine neue geforderte Beweglichkeit blockieren.

Paradoxerweise steigt zugleich die Nachfrage nach hochqualifizierten Arbeitskräften, während man das drängende Angebote der Unqualifizierten und Unmotivierten ignorieren und verdrängen will.

Es ist noch nicht lange her, das leistete man sich in den Zentren industrieller Macht eine Debatte unter dem Titel *„wollen wir Surfer durchfüttern"*. „Surfer", das war die Metapher für eine Freizeitgesellschaft, die mit ihrem wohlfahrtsstaatlichen Transfereinkommen es sich offensichtlich leisten konnten, viel freie Zeit an den Surfstränden ferner Küsten, bei den Gurus in Indien oder in Berliner Szene-Treffs zu verbringen – oder auch wertvolle Zeit durch Zappen und Surfen in den neuen Medien tot schlagen.

Auf arbeitsfreien, weil arbeitsfernen Problemgruppen richtet sich der Zeit-Neid der gestressten Funktions-Eliten. Dennoch wurde argumentiert, dass es für die Wirtschaft besser ist, sich von den unmotivierten Mitarbeitern, deren Motivationsschwäche anstecken könnte, frei zu machen. Potentielle Störer, Bremser und Nörgler seien deshalb – gestrandet an fremden „Stränden" – fern der Arbeit besser aufgehoben, als wenn sie mit ihren Motivations- und Integrationsproblemen das Betriebsklima im industriellen Kern belasten würden.

Solche Argumentation von gestern klingt heute zynisch. Wir hören hier einen beschäftigungspolitischen Nihilismus, den sich reiche Gesellschaften als Luxus leisten könnten. Heute aber geht es nicht um die Aussteiger einer subkulturellen Alternativbewegung, die sich der Arbeitswelt kulturell verweigern, sondern immer größer wird der Kreis derer, denen bei aller Motivation eine Integration in die Arbeitswelt strukturell verweigert bleibt.

Gegenüber dem beschäftigungspolitischen Nihilismus reicher Gesellschaften markieren die aktuellen Reformen der Arbeitsgesellschaft den neuen Anspruch auf soziale Gerechtigkeit, wobei bloße arbeitsmoralische Aktivierung allerdings zynisch wird, wenn der kulturellen Motivations-Offensive strukturell keine Integrationschance mehr entspricht.

1.9 Soziale Produktivität: Steuerungsmedium Solidarität

Moderne Gesellschaften werden nicht nur bewegt durch Geld und Macht, Wissen und Werte, sondern auch durch das „Steuerungsmedium Solidarität". Die hier wirksame Wertschöpfung verweist auf das „soziale Kapital" sozialer Wertschätzung.

Beispielhaft und geschichtlich richtungweisend für die soziale Produktivität der Solidarität wurden Genossenschaften, Gewerkschaften, Vereine und Verbände (nicht nur im

Feld der sozialen Wohlfahrt, sondern etwa auch in Projekten kultureller Kommunikation).

Zu verweisen ist auch auf die langfristige Verbindlichkeit von Stiftungen oder auf die Bindungskraft sozialer Nähe in Gruppen der Selbst- und Solidarhilfe. Diese Felder werden heute zusammengefasst als „Dritter Sektor" eines selbstorganisierten Engagements „zwischen Markt und Staat". Solidarwirtschaftliche Produktionsformen bewähren sich bei der Erstellung und Vermittlung sozialer und kommunikativer Dienstleistung. Solidar-Arbeit wird heute aber auch diskutiert auf der Suche nach Alternativen zum Arbeitsmarkt (Beschäftigungsinitiativen, Soziale Produktiv-Genossenschaften auf „zweiten" und „dritten" Arbeitsmärkten)

Die Gründungsgeschichte dieser Typen solidarwirtschaftlicher Produktivität ist sozialgeschichtlich zu rekonstruieren, etwa als praktische Umsetzung von Assoziationsidealen der Genossenschaften. Ein andere Entwicklung sozialwirtschaftlich produktiver Solidarität ließe sich aufzeigen in dem die Wohlfahrtsverbände einst tragendem ehrenamtlichen Engagement. Doch die bürgerlichen Muster der Selbstorganisation freien Engagements werden auf dem Hintergrund der Krisen von Arbeitsgesellschaft neu zu problematisieren sein.

Solche Analysen gewinnen praktische Relevanz für die gesellschaftspolitische Steuerung der unterschiedlichen solidarwirtschaftlichen Felder. Zu prüfen sind dabei auch die besonderen Praktiken und Strategien des hier geforderten Wert- und Wissensmanagements.

- Wertmanagement zielt als Identitäts-Management zum einen auf die Wirksamkeit der Sinnkonstruktionen von Solidarkulturen und korporativer Identitäten in ihrer Wirkung auf Motivationen von Mitarbeiten, Kunden und Förderern (Motivationsmanagement).
- Qualitätsmanagement setzt dabei auf Methoden und Strategien einer sozialen wie ökonomischen Bewertung der besonderen Produktivität und Qualität solidarwirtschaftlicher Unternehmensformen.
- Wissensmanagement in solidarwirtschaftlichen Unternehmen kann sich orientieren im Kompetenzspektren der Spannungen von Professionalität, Konfessionalität (im Sinne wertgemeinschaftlicher Sinnbindung) und Solidarität. auch in selbst-bewusst non-professionellen Alternativen zu einem sonst dominanten Expertenwissen in Netzwerken und Lernprozessen der Solidarität einer reflexiven Begleitung. Gerade durch die Vernetzung zu Lern-Allianzen können sich innovative Kompetenz-Felder eröffnen.

Wir unterscheiden dabei zwischen „Netzwerken" als künstlichen Konstruktionen organisierter Nähe und „Clustern" als synergetischer Kombinatorik der Verknüpfung und Vermittlung unterschiedlicher Ressourcen und Kompetenzen. (Pieper 2007) In den Blick kommt dann die wohlfahrtstaatliche Subvention freier solidarwirtschaftlicher Träger (Subsidiaritätsprinzip), die Angewiesenheit aktiver Gesellschaftspolitik auf die freie Kreativität und auf die Solidarität des „Dritten Sektors" oder auch die heute gesuchte Verknüpfung solidarwirtschaftlicher Produktivität mit den Rationalitätskriterien offener Märkte. Solche professions- und systemübergreifende Vernetzung und Verknüpfung zueinander gespannter Ressourcen, Kompetenzen und Potentiale („Cluster-Steuerung") gewinnen heute gerade für die intersystemischen und interdisziplinären Umwelt-Relationen solidarwirtschaftlicher Organisationen und Akteure an praktischer Relevanz.

Dabei zeigt sich, dass auch Unternehmen der Markt-Wirtschaft sich mit solidarwirtschaftlichen Verantwortungen profilieren (Corporate Identity, Corporate Social Responsibility). Dies fördert systemübergreifende Relationen zwischen Markt-Akteuren und den freien Feldern sozialer Solidarität oder kultureller Kreativität.

2 Arbeits-Welten zwischen funktionalen Zonen, sozialen Räumen, kulturellen Feldern

Die kommunikative Öffnung sozialer und kultureller Felder setzt bewusste Alternativen zu den funktionalen Zonen der industriellen Moderne, in denen die lebensweltlichen Bedürfnisse und Bereitschaften freien Sprechens als extrafunktional „ausgeschlossen" schienen.

Dabei denken wir an das auf klassischen Arbeitsplätzen industrieller Disziplinierung lastende Sprachverbot, das verschärft wurde mit bald folgenden Rationalisierungsschüben industrieller Bürokratisierung, deren Umstellung auf hoch formalisierte Schriftlichkeit alles Mündliche verbannen musste: „Sine ira et studio" (also ins Deutsche übersetzt: „ohne Ärger und Eifer", „ohne Engagement und Interesse") sollte proletarische Arbeit wie bürokratisches Verwalten störungsfrei und berechenbar funktionieren, so beschrieb es vor 100 Jahren der Soziologe Max Weber mit dem seinem „ins Reine gesteigerten" Typus „bürokratischer Rationalität".

Die klassischen Strukturen der Rationalisierung und Disziplinierung von „Großer Industrie" (Marx) und „Großer Organisation" (Weber) forderten auch in der baulichen Gestalt der Industriebetriebe und Industrieverwaltungen das Großformat von Fabrikhallen, Schreibbüros und Warenhäusern. Diese Zweckbauten industrieller, kommerzieller und bürokratischer Arbeit blieben bei allem Lärm „sprachlos".

Gerade in den klassischen Industrie-Revieren von Kohle und Stahl formierte revolutionär expandierende „Große Industrie" die funktionalen Zonen der Arbeitsgesellschaft; dies blockierte aber zugleich die Öffnung kommunikativer Felder.

Mit den Krisen der industriellen Arbeitsgesellschaft und im Aufbruch zur postmodernen Kommunikations- und Wissensgesellschaft aber ist die alte Industrie-Architektur der großen Formate mit Abkehr oder Abwanderung der Massenproduktion weder technisch noch organisatorisch zwingend – und wohl auch ökonomisch kaum noch lohnend.

Konsequent scheint dann eine funktionale Entleerung der klassischen Gehäuse industrieller wie bürokratischer Disziplinierung. Die entleerten Arbeitsstätten von „großer Industrie" und „großer Organisation" laden heute ein als offene Räume kultureller Kommunikation: Diese Konversion funktional geschlossener Zonen zu sich öffnenden „freien Feldern" erleben wir besonders drastisch in den einst mono-funktionalen Industrie-Revieren.

Zukunftsweisend war hier gewiss das Ruhrgebiet, indem hier die Internationale Bauausstellung IBA zu Forum und zugleich zur Agentur wurde, um die Monumentalität der Montan-Industrie zu transformieren in neue Infrastrukturen einer sich hier entwickelnden Wissens-, Kommunikations- und Kulturgesellschaft. Aus den schwerindustriellen Produktionsstätten wurden kulturelle Lernorte – und damit zugleich auch neue Arbeitsplätze und Betätigungsfelder.

Chancen der Konversion von industrieller Produktivität in kulturelle und kommunikative Aktivität erkennen wir heute überall in Europa. So markieren Europäische Routen der Industriekultur nicht nur nostalgisches Erinnern alter Zeiten, zugleich ist die vielfach versuchte Konversion alter Arbeitsstätten in kulturelle Lernorte zukunftsweisend. Nun geht es darum, die aktiven Initiativen zu vernetzen zu Lern-Allianzen und Kompetenz-Clustern.

Der Trend einer postindustriellen „Konversion" der industriellen Großformate funktionaler Geschlossenheit in neue kommunikative Areale kultureller Offenheit ist in allen Europäischen Industrieregionen heute spürbar. So werden die Routen der Industriekultur zu neuen Wegen einer Europäischen Kultur- und Wissensgesellschaft. Dazu öffnen sich überall neue Räume durch das „Umfunktionieren" alt-industrieller Funktionszonen in sozio-kulturelle Kommunikationszentren und Aktionsfelder. Gerade in den durch alte Industrie-Kultur geprägten Regionen ergeben sich Voraussetzungen und entwickeln sich Bereitschaften zum Wechsel von industrieller Arbeitsgesellschaft zu kommunikativ offenen Kultur- und Wissensgesellschaften. Diese Transformation ist immer auch sozialräumlich und damit architektonisch nachzuvollziehen.

Soziale Gerechtigkeit bezieht sich nun nicht mehr nur auf das arbeitsgesellschaftliche „Recht auf Arbeit", sondern auch auf die Chance aktiver Teilhabe an den kommunikativen Kontexten einer post-industriellen Kultur- und Wissensgesellschaft. Hier eröffnen sich zugleich neue Chancen nicht nur für frei organisierte Solidarität, sondern auch für eine sich beruflich einbindende Professionalität von Sozial-, Kommunikations- und Kulturwissenschaftlern. (Pankoke 2007)

Gerade die „Herstellung von Öffentlichkeit" zählt dann zu den praktischen Künsten, denn die Selbstinszenierung öffentlicher Meinung und damit die Aktivierung öffentlicher Wirkung gelten als hohe politische Kunst und kulturelle Praxis.

Dabei können auch die alten Muster und Werte der Arbeitsgesellschaft neue Faszination gewinnen. Zur Faszination lebendiger Traditionen industrieller Arbeit wird dabei auch, dass die Montan-Industrie nicht nur zukunftsfähige Baukörper hinterließ, sondern auch aktive Kulturen sozialräumlich verankerter Solidaritäten.

So könnten durch Konversions-Projekte in den traditionalen Montanrevieren die Auseinandersetzung mit den Techniken und Materialien, aber auch mit den „praktischen Künsten" produktiver Kreativität wie solidarischer Praxis eine „Kunst im öffentlichen Raum" innovative Signale setzen. Aktuell könnten etwa die besonderen Kommunikationsprobleme von Migrations- und Transformationsgesellschaften öffentliches Interesse finden.

Darauf könnte heute bauen die innovative Kreativität eines neuen kulturellen Unternehmertums, die nicht mehr setzen will auf industrielle Massen-Arbeit, wohl aber auf neue Initiativen kultureller Kommunikation.

Dazu könnten die sich auf gemeinsamen Wegen begegnenden Akteure und Initiatoren im interkulturellen und interdisziplinären Kompetenz-Netzen viel voneinander lernen. Auf dem Hintergrund ihrer arbeitsgesellschaftlichen Traditionen könnten die alten Industriereviere nun als selbstbewusste Kulturlandschaften und Wissensregionen sich auch beschäftigungswirksam neu entwickeln zu produktiver Innovation.

Literaturhinweise

Aderhold, Jens: Form und Funktion sozialer Netzwerke in Wirtschaft und Gesellschaft. Beziehungsgeflechte als Vermittler zwischen Erreichbarkeit und Zugänglichkeit. Wiesbaden 2004: VS.

Bayertz, Kurt (Hg.): Solidarität. Begriff und Problem. Frankfurt 1998: Suhrkamp.

Drepper, Thomas: Die Grenzenlosigkeit des Managements – Organisations- und gesellschaftstheoretische Überlegungen. In: Thomas Drepper, Andreas Göbel, Hans Nokielski, (Hrsg) Sozialer Wandel und kulturelle Innovation, Berlin 2004: Duncker & Humblot, 449-477.

Glißmann, Wilfried / Klaus Peters: Mehr Druck durch mehr Freiheit. Die neue Autonomie in der Arbeit und ihre paradoxen Folgen. Hamburg: VSA 2001.

Haslinger, Franz: Soll man „Surfern" ein Garantieeinkommen bezahlen? In: Jürgen Wahl (Hg.), Sozialpolitik in der ökonomischen Diskussion. Marburg 1994, 201-210.

Kaufmann, Franz-Xaver: Solidarität als Steuerungsform - Erklärungsansätze bei Adam Smtih. In: F.X. Kaufmann/Hans-Günter Krüsselberg (Hg.), Markt, Staat und Solidarität bei Adam Smith , Frankfurt/M. New York 1984, Campus, 158-184.

Lutz, Burkart: Der kurze Traum immerwährender Prosperität. Eine Neuinterpretation der industriell-kapitalistischen Entwicklung im Europa des 20. Jahrhunderts. Frankfurt/M. 1989.

Nutzinger, Hans G. (Hg.): Ökonomie der Werte oder Werte in der Ökonomie? Unternehmenskultur in genossenschaftlichen, alternativen und traditionellen Betrieben. Marburg 1996: Metropolis.

Pankoke, Eckart: Die Arbeitsfrage. Arbeitsmoral, Beschäftigungskrisen und Wohlfahrtspolitik im Industriezeitalter, Frankfurt am Main 1990: Suhrkamp.

Pankoke, Eckart: Gesellschaftslehre (Bibliothek deutscher Klassiker: Geschichte und Politik, Bd. 70), Frankfurt/M. 1991.

Pankoke, Eckart: Grenzen der Arbeit: Mobilität und Solidarität in der Beschäftigungskrise Deutschland-Ost. In: Stefan Hradil/ Eckart Pankoke (Hg.) Aufstieg für alle? Beiträge zu den Berichten zum sozialen und politischen Wandel in Ostdeutschland, Opladen 1997: Leske + Budrich, 425-510.

Pankoke, Eckart: Solidarität, Subsidiarität, Pluralität. Arenen, Allianzen, Agenden „öffentlicher und privater Fürsorge". In: Deutscher Verein, Berlin 2005, 581-654.

Pankoke, Eckart: Corporate Identity, Social Responsibility, Corporate Citizenship. Unternehmensethik zwischen Eigeninteresse und öffentlicher Verantwortung. Sozialwissenschaften und Berufspraxis, 2006, Jg. 29: 270-279.

Pankoke, Eckart: Praxis der Soziologie. 40 Jahre Hochschulsoziologie von der Arbeits- zur Wissensgesellschaft. In:

Wolfram Breger (Hg,): Was werden mit Soziologie. Berufe für Soziologen und Soziologinnen. Stuttgart 2007: Lucius & Lucius, 51-64.

Pieper, Britta V.: Lern- und Wissenscluster. Intermediäre Allianzen als neue Perspektive der Wissensökonomik, Duisburger Beiträge zur soziologischen Forschung No.1/2007.

Pfriem, Reinhard: Unternehmensstrategien. Ein kulturalistischer Zugang zum strategischen Management. Marburg 2006: Metropolis.

Putnam, D. Robert (Hg.): Gesellschaft und Gemeinsinn: Sozialkapital im internationalen Vergleich. Gütersloh 2001: Bertelsmann.

Strachwitz, Rupert (Hg.): Dritter Sektor – Dritte Kraft. Versuch einer Standortbestimmung. Düsseldorf 1998: Raabe.

Vollmer, Manfred und Wolfgang Berke: Faszination Industriekultur. Neues Leben in alten Buden. (Industrial heritage –new life in old buildings. Essen 2007: Klartext.

Zimmer, Annette, Priller, Eckhard (Hg.): Future of Civil Society – Making Central European Nonprofit-Organizations Work. Wiesbaden 2004: VS.

Arbeit, Beruf und Person
Anthropologie des Handelns und Arbeitens

Christian Bermes

1   Krisen und Krisis der Arbeit

Die Begriffe ‚Arbeit' und ‚Krise' treten in unserer Zeit fast nur noch gemeinsam auf. Im Falle der Arbeit wird etwa von der Krise auf dem Arbeitsmarkt, der Krise der Arbeitsgesellschaft oder auch der Krise der Vollbeschäftigungsgesellschaft gesprochen. Ich will im Folgenden diese Krisen oder dieses Reden von Krisen nicht um eine weitere Krise bereichern, sondern vielmehr versuchen zu zeigen, daß die Gefahr besteht, eine Dimension der Arbeit zu übersehen. Arbeit hat nicht nur eine *Funktion* – beispielsweise in einem ökonomischen Prozess –, der Arbeit kommt ebenso eine *Bedeutung* zu. Die häufig beschworenen und eben genannten Krisen scheinen in diesem Sinne Funktionskrisen zu sein. Sie betreffen die Arbeitsorganisation einer Gesellschaft im weitesten Sinne, die mit unterschiedlichen Mitteln gelenkt und mit den entsprechenden Hebeln gesteuert werden kann. In diesem Kontext erscheint das Phänomen der Arbeit als ein eigenständiges, vom Träger der Arbeit losgelöstes Organisationsproblem. Diese Perspektive soll keineswegs geleugnet werden, es kann nur darum gehen, eine zweite, mit der Arbeit ebenfalls verbundene Dimension, wieder in den Blick zu nehmen. Arbeit ist zugleich ein Bedeutungsphänomen in dem Sinne, daß das Subjekt der Arbeit nicht nur als Träger einer Arbeitsorganisation auftritt, sondern das Arbeiten als einen (wenn auch nicht ausschließlichen) Handlungstyp versteht, vermittels dessen sich das Subjekt realisiert. Treten diese beiden Perspektiven auseinander, so ist die Rede von einer *Krisis* angebracht. Sie zeichnet sich dadurch aus, daß erstens die Funktions- und die Bedeutungssphäre nicht mehr in ihrer jeweiligen Dignität erkannt werden und daß zweitens die Funktion die Bedeutung zu ersetzen oder zu absorbieren droht. Es ist wohl keine kühne Vermutung, daß es auch die *Krisis der Arbeit* im Sinne eines Bedeutungsphänomens ist, die heute die Gemüter erhitzt, ohne daß die entsprechenden Kategorien dieser Bedeutungssphäre zur Beschreibung und zum Verstehen des Phänomens benutzt würden – sie stammen zumeist aus der Sprache der Funktionen. Vor diesem Hintergrund wird es im Folgenden darum gehen, die Bedeutungsdimension der Arbeit zu restituieren und zu fragen, was Arbeit *für uns* bedeutet – und zwar jenseits der ökonomischen Verhältnisse und diesseits der anthropologischen und sozialphilosophischen Dimension. Arbeit ist nicht ausschließlich ein ökonomischer Faktor, Arbeit hat ebenso eine anthropologische Bedeutung.

Dies soll belegt werden, indem in einem ersten Abschnitt kritisch von einer ‚verkehrten Welt' gesprochen wird, die darin besteht, daß sich aus einer bestimmten Perspektive nicht etwa der Mensch von der Arbeit emanzipiert hat, sondern die Arbeit sich als Funktion vom Menschen befreit hat. In einem zweiten Schritt will ich auf die immer wiederkehrenden und beliebten Thesen vom Ende der Arbeit zu sprechen kommen, die bei genauem Hinsehen das Gegenteil von dem sagen, was sie suggerieren. Derartige Überlegungen laufen gerade nicht auf ein Ende der Arbeit hinaus, sondern bekräftigen vielmehr die funktional freischwebende Semantik von Arbeit. Mit dem dritten Abschnitt beginnt nach der kritischen Diagnose der konstruktive Teil der Ausführungen. Im Ausgang von der Unterscheidung zwischen Handeln und Verhalten soll das Terrain begrenzt und sondiert werden, um einen qualitativen Begriff der Arbeit zu bestimmen, dessen sozialphilosophische Bedeutung, so wird der letzte Abschnitt zeigen, der Beruf ist.

2 Verkehrte Welt
Die Befreiung ‚der Arbeit' vom Menschen

Wenn die Philosophie versuchen will, Arbeit zu denken, um anthropologische Fundamente zu sondieren und sozialphilosophische Konsequenzen zu erörtern, so muss sie ihren Ausgang vom Begriff der Arbeit nehmen. Doch es scheint, daß wir den Begriff der Arbeit verloren haben, und daß sich die Arbeit, nicht jedoch der Mensch emanzipiert hat. Legt man beispielsweise unsere alltägliche Sprache als Indikator für unser Arbeitsverständnis zugrunde, so sprechen wir jederzeit und überall von Arbeit. Jede Tätigkeit, ob geistige oder körperliche, ob freiwillige oder unfreiwillige, ob mühsame oder erholsame wird als Arbeit qualifiziert.[1] Zwischen dem Besuch des Theaters, der Pflege des Gartens, dem wöchentlichen Einkauf und dem Besuch eines Freundes scheint dann kein Unterschied mehr zu bestehen. Eine derartige Rede, die alle Tätigkeiten mit dem Begriff der Arbeit verknüpft, verweist auf einen Umstand eigener Art: Die Universalisierung des Arbeitsbegriffs, die zugleich mit einer Bedeutungsentleerung des Begriffs und der Nivellierung unterschiedlicher menschlicher Tätigkeiten einhergeht: Wir sprechen bei jeder Handlung von Arbeit, doch wir wissen nicht mehr, was Arbeit ist, und können kaum mehr angeben, was keine Arbeit ist. Dieser Befund gründet auf einer historischen Entwicklung, die kurz in einer ideengeschichtlichen Rekapitulation in einigen wenigen Stationen angedeutet werden soll.

Zwar wurde schon früh die Universalität der Arbeit als Paradigma des gesellschaftlichen Lebens diagnostiziert, doch in diesen frühen Untersuchungen ging es darum, einen spezifischen, nämlich den technisch-industriellen Arbeitsbegriff in seiner paradigmatischen Funktion zur Beschreibung von Gesellschaften des ausgehenden 19. und beginnenden 20. Jahrhunderts zu erkennen. Das wohl eindringlichste Dokument einer solchen Diagnose erscheint 1932 unter der

---

[1] Vgl. hierzu Konrad Paul Liessmann: Im Schweiße deines Angesichtes. Zum Begriff der Arbeit in den anthropologischen Konzepten der Moderne, in: Ulrich Beck (Hg.): Die Zukunft von Arbeit und Demokratie, Frankfurt/M. 2000, S. 85-107.

Überschrift *Der Arbeiter. Herrschaft und Gestalt.* Ernst Jünger begreift am Vorabend der nationalsozialistischen Machtübernahme Arbeit als „Ausdruck eines besonderen Seins ..., das seinen Raum, seine Zeit, seine Gesetzmäßigkeit" in dem Sinne zu erfüllen sucht, daß zur Arbeit kein Gegensatz mehr denkbar ist.[2] Und wenn keine Gegensätze mehr denkbar sind, dann haben wir es mit einem Universalbegriff zu tun, der jede Form menschlicher Handlung umfasst. Dasjenige, was begriffen und bewertet werden soll, nämlich das Phänomen der Arbeit, wandelt sich zum Maßstab der Bewertung und Vermessung aller Phänomene. So bemerkt Jünger im Weiteren: „Der Arbeitsraum ist unbegrenzt, ebenso wie der Arbeitstag vierundzwanzig Stunden umfaßt. Das Gegenteil der Arbeit ist nicht etwa Ruhe oder Muße, sondern es gibt unter diesem Gesichtswinkel keinen Zustand, der nicht als Arbeit begriffen wird."

Ähnlich wie Jünger, der eindringlich die Universalisierung der Arbeit beschreibt, argumentiert Fritz Giese in seiner Schrift *Philosophie der Arbeit*, die just im selben Jahr erscheint wie Jüngers Diagnose. Die Arbeit sei heute, also 1932, „ein Zugangsort, wie vormals etwa das Religiöse oder in Urzeiten die Sprache es gewesen sein mögen. Es gibt keine Person, die nicht von der Arbeit erfaßt und durch sie irgendwie geprägt werden würde."[3] Aus diesem Grund sieht sich Giese auch nicht mehr in der Lage, dem Begriff der Arbeit eine bestimm-

---

[2] Ernst Jünger: Der Arbeiter. Herrschaft und Gestalt (1932), Stuttgart 1982, S. 91.
[3] Fritz Giese: Philosophie der Arbeit, Halle 1932, S. 295.

te Handlung zuzuordnen, der Ausdruck erscheint ihm als ein „symbolisches Wort", das ein „epochales Phänomen"[4] umfasst.

Nietzsche ahnte dies bereits Jahrzehnte früher, und kritisierte diese Entwicklung mit pointierten Hinweisen: Die Universalisierung der Arbeit, die nicht mehr zwischen Muße und Müßiggang zu unterscheiden vermag, versteht Nietzsche als eine „eigenthümliche Wildheit" der Zeit, ja eine „athemlose Hast" einer Epoche, die so weit führt, daß man schließlich das „Spazierengehen mit Gedanken und Freunden" nicht mehr „ohne Selbstverachtung und schlechte[m] Gewissen"[5] praktizieren könne.

Die hier vorgestellten Diagnosen sind eindeutig. Bereits 1932 wird mit dem Begriff der Arbeit nicht eine bestimmte Tätigkeit bezeichnet, sondern jede Tätigkeit wird unter dem Paradigma der Arbeit verhandelt. Schon im ersten Drittel des 20. Jahrhunderts ist somit die Universalisierung der Arbeit Thema, doch es kann noch nicht von einer Bedeutungsentleerung gesprochen werden. Denn in allen Fällen steht im Hintergrund das Vorbild der modernen Industriearbeit, die das Leben nicht einfach prägt, sondern dem Menschen und der Umwelt, dem Raum und der Zeit ihre Gestalt gibt – die Gestalt industrieller Arbeit. Wird also hier von Arbeit gesprochen, so ist es die universale, die Gesellschaft prägende

---

[4] Ebd., S. 23f.
[5] Friedrich Nietzsche: Die fröhliche Wissenschaft (1882), in: ders.: Kritische Studienausgabe Bd. 3. Hrsg. v. Giorgio Colli/Mazzino Montinari. Berlin/New York 1988, S. 343-651. Nr. 329.

Industriearbeit. Der Arbeitsdienst des Nationalsozialismus kann nahtlos an diese Entwicklung anschließen. Arbeit und Gesellschaft werden kurzgeschlossen.

Heute sind wir darüber hinaus und einen Schritt weiter. Der Begriff der Arbeit ist nicht nur ein universaler Begriff, er ist auch ein semantisch leerer, ein bedeutungsloser Begriff in dem Sinne, daß wir kein Vorbild, keinen Maßstab mehr besitzen, der seine Bedeutung noch bestimmen könnte. Arbeit bezeichnet keine bestimmte Tätigkeit mehr, sie ist auch nicht mehr an einem bestimmten Paradigma orientiert, sie ist vielmehr aufgelöst in ein kommunikatives Verhalten – ein Reden über Arbeit.

Diese These, die von der Systemtheorie vertreten wird, ist deshalb so interessant, weil sie den Finger in die Wunde unserer Sprach- und Lebenswirklichkeit legt und zeigt, daß das Phänomen Arbeit sich kommunikativ verselbständigt hat und sich in einem semantischen Leerlauf reproduziert. Dirk Baecker geht explizit von Jünger aus und verweist darauf, daß „in der modernen Gesellschaft" „die Arbeit allgegenwärtig" sei, „gleichgültig, ob man sie hat oder ob sie einem fehlt".[6] Wird schließlich der eine als Arbeitender, der andere als Arbeitsloser bezeichnet – in beiden Fällen ist das Paradigma das Arbeiten. In diesem Sinne erscheint Baecker die Arbeit als eine Funktion (!), die nicht mehr an ein Subjekt oder einen Handelnden gebunden ist, sondern sich als kommunikatives Ereignis fortschreibt. „Arbeit ist Arbeit, in-

---

[6] Dirk Baecker: Organisation und Management. Aufsätze, Frankfurt/M. 2003, S. 70.

dem sie an sich arbeitet und dabei immer wieder alles heranzieht und ausschließt, was nicht Arbeit ist. Arbeit ist Arbeit an der Differenz von Arbeit."[7]

Die Entkoppelung von Arbeit und Handeln und die Reduktion des Arbeitsphänomens auf kommunikatives Verhalten scheint die letzte Stufe einer Befreiung darzustellen. Doch das historisch Einmalige ist, daß sich nicht der Mensch von der Arbeit befreit, wie es viele klassische Utopien forderten, sondern sich die Arbeit, und zwar die Arbeit als Funktion, vom Menschen befreit. In diesem Sinne stehen wir in oder vor einer ‚verkehrten Welt'. Die funktionale Betrachtung lässt der Arbeit als Bedeutungsphänomen zur Realisierung von Subjektivität keine Chance. Wenn dies behoben werden soll, muss das Phänomen der Arbeit wieder als Bedeutungsphänomen in den Blick kommen, d.h. Arbeit ist wieder als ein Handlungstyp zu beschreiben. Bevor ich dieses Projekt skizziere, lohnt es, kurz die geläufigen Thesen vom ‚Ende der Arbeit' aufzugreifen und zu diskutieren.

---

[7] Ebd., S. 7 f.

3 Das Ende der Arbeit vs. Ökologie der Arbeit

Es ist unmöglich, alle Titel aufzuzählen, die seit den 80er Jahren des 20. Jahrhunderts den Mythos vom Ende der Arbeit propagieren. Doch wenn in solchen Manifesten ein Ende der Arbeit beschworen wird, so wird gerade das Gegenteil behauptet. Es wird nicht das Ende der Arbeit, sondern deren Primat herausgestellt.

Ich kann nur auf einzelne Beispiele eingehen, etwa dasjenige von Jeremy Rifkin, der in seinem Bestseller *Das Ende der Arbeit und ihre Zukunft*, die These vertritt, daß das Informationszeitalter „der massenhaften Lohnarbeit den Garaus mache" und zur „Befreiung zukünftiger Generationen von quälend langen Arbeitszeiten" beitrage. Damit könne „eine zweite Renaissance für das Menschengeschlecht" eingeläutet werden.[8] Und noch in der Neuauflage dieses Buches schreibt er: „Arbeit ist schließlich das, was Maschinen tun. Arbeiten heißt, nützliche Dinge zu produzieren. Menschen andererseits sollten frei sein, wirkliche Werte zu erzeugen und einen allen zu eigenen Gemeinschaftsgeist wieder zu beleben."[9]

In Rifkins Diagnose schwingt noch das ausgehende 19. und das beginnende 20. Jahrhundert mit: Arbeit ist Maschinenarbeit, so seine Vermutung. Es komme also darauf an, die Maschinen laufen zu lassen, um dem Menschen seine eigent-

---

[8] Jeremy Rifkin: Das Ende der Arbeit und ihre Zukunft. Neue Konzepte für das 21. Jahrhundert (1995), übersetzt. v. Thomas Steiner und Hartmut Schickert, Frankfurt/M. ²2005, S. 25f.
[9] Ebd., S. 49.

liche Freiheit zu schenken. Dazu fordert er einen neuen Gesellschaftsvertrag, wodurch die „brachliegende Arbeitskraft" „in sinnvoller Weise für gemeinnützige Aufgaben" eingesetzt werde. Auch liegt Rifkins Euphorie, die uralte, darum aber auch nicht bessere These zugrunde, Menschen würden nur jenseits der Arbeit soziale Werte ‚schaffen'. Diese These ist jedoch zumindest diskussionswürdig, da erstens die Rede von der ‚Schaffung' oder ‚Produktion' von ‚Werten' vielleicht für Warenhäuser gilt, jedoch nicht für Werte wie Toleranz oder Anstand, und da zweitens Werte wie Solidarität und Rücksichtnahme gerade beim Arbeiten und nicht etwa ausschließlich jenseits des Arbeitens realisiert werden.

Zudem wird in solchen Theorien auch nicht selten die Wissensgesellschaft der Arbeitsgesellschaft gegenübergestellt und geradezu als Heilsbringer beschworen. Hier sei nur kurz angemerkt, daß das Konzept der Wissensgesellschaft missverständlich ist, denn jede Gesellschaft ist eine Wissensgesellschaft. Die griechische Polis ist ebenso eine Wissensgesellschaft wie bestimmte Agrargesellschaften, die es heute noch in verschiedenen Erdteilen gibt. Alle Gesellschaften zeichnen sich durch bestimmte Wissenskonzepte aus – das Problem ist nur, daß das Wissen unterschiedlich gewertet und genutzt wird. Und auch hier besteht heute die Gefahr, daß wir meinen könnten, die Wissensgesellschaft stehe im Gegensatz zu einer Arbeitsgesellschaft. Es erscheint mir jedoch, daß unser heutiges Problem eher darin besteht, daß wir für unser spezifisches Wissen keine Arbeitsformen finden.

Ähnlich wie Rifkin diagnostiziert Ulrich Beck das Ende der Vollbeschäftigungsgesellschaft. Die Lösung dieses Problems fasst er unter den Titel der *Bürgerarbeit*. Dabei versteht er unter Bürgerarbeit ein „freiwilliges soziales Engagement, das projektgebunden (und damit zeitlich begrenzt) in kooperativen, selbstorganisierten Arbeitsformen unter der Regie eines Gemeinwohl-Unternehmers ... abgestimmt mit dem (kommunalen) Ausschuß für Bürgerarbeit, ausgeschrieben, beraten und durchgeführt wird. *Bürgerarbeit wird nicht entlohnt, aber belohnt* und zwar immateriell (durch Qualifikationen, Ehrungen, die Anerkennung von Rentenansprüchen und Sozialzeiten, ‚Favor Credits' etc.)."[10]

An dieser Stelle können nicht die ökonomischen Vor- und Nachteile solcher Konzepte erörtert werden, ich will nur darauf hinweisen, daß derartige Ansätze auch auf der Universalisierung des Arbeitsbegriffs gründen, indem dasjenige, was zuvor nicht als Arbeit verstanden wurde, nämlich die Tätigkeiten des Bürgers nun als Arbeit, als Bürger*arbeit* begriffen wird. Und diesem Konzept zufolge müsste etwa auch das Engagement in sozialen Einrichtungen belohnt werden. Dann aber besteht zumindest die Gefahr, daß wir den Sinn solcher Handlungen verkennen – denn es sind erstens freiwillige Tätigkeiten, die sich u. a. dadurch auszeichnen, daß man für sie nicht in dem üblichen Sinne belohnt wird, sondern sie um ihrer selbst willen durchführt, und es sind zwei-

---

[10] Meinhard Miegel, Ulrich Beck u. a.: Erwerbstätigkeit und Arbeitslosigkeit in Deutschland. Entwicklung, Ursachen und Maßnahmen, Bonn 1996, Teil III, S. 148.

tens Tätigkeiten, die nicht einzig wegen ihrer Konsequenzen geschätzt, sondern aufgrund ihrer Motivation geachtet werden. Diese Motivation betrifft die handelnde Person selbst, nicht das Resultat der Handlung. Zudem wird in dem Beckschen Modell die Struktur der klassischen Erwerbsarbeit auf die Bürgerarbeit übertragen, indem z.B. von ‚Gemeinwohl-Unternehmern' gesprochen wird oder auch die Möglichkeit der Kapitalbildung im Sinne des ‚Bürgergeldes' besteht. Der einzige Unterschied zwischen Erwerbsarbeit und Bürgerarbeit scheint dann nur in der Währung zu bestehen. Der Euro weicht einem imaginären Bürgergroschen, doch die Struktur von Erwerbs- und Bürgerarbeit bleibt die gleiche. Aber es ist die Frage, ob das Kapital freier Bürger mit einem Bürgergeld aufgerechnet werden kann.

Diese und ähnliche zeitgenössischen Utopien unterscheiden sich tatsächlich von klassischen Utopien. Als etwa der Schwiegersohn von Karl Marx, Paul Lafargue, 1883 *Das Recht auf Faulheit* verfasste, um das Recht auf Arbeit zu kritisieren, so suchte er die Befreiung des Menschen jenseits der Arbeit und nicht etwa diesseits des Arbeitssystems: ‚Nicht auferlegen, verbieten muß man die Arbeit' – so das Credo von Lafargue, das sich etwa auch in Georg Büchners *Leonce und Lena* aus dem Jahr 1836 findet, wenn dort zu lesen ist: „Und ich werde Staatsminister und es wird ein Dekret erlassen, daß wer sich Schwielen in die Hände schafft unter Kuratel gestellt wird, daß wer sich krank arbeitet kriminalistisch strafbar ist, daß Jeder der sich rühmt sein Brod im Schweiße seines Angesichts zu essen, für verrückt und der menschlichen

Gesellschaft gefährlich erklärt wird und dann legen wir uns in den Schatten und bitten Gott um Makkaroni, Melonen und Feigen, um musikalische Kehlen, klassische Leiber und eine kommode Religion."[11]

Diese klassischen Utopien suchen eine Befreiung des Menschen jenseits der Arbeit, die neuen Utopien suchen eine Befreiung des Menschen in einer universalisierten, alle Tätigkeiten des Menschen absorbierenden Arbeitsgesellschaft. Beide Ansätze gehen in die Extreme und werden dadurch problematisch, wenn nicht gar unverständlich. Arbeit gehört zum Menschen, nur er kann in dem ursprünglichen Sinne des Wortes arbeiten, und es sollte eher darauf ankommen, der Arbeit ihre Stellung im Leben des Menschen zu geben – und dies heißt, wieder einen bedeutungsvollen Begriff von Arbeit zu bestimmen.

Es erscheint als Augenwischerei, sich vorzugaukeln, es könne ein Paradies ohne Arbeit auf Erden geben, oder es sei schließlich alles Arbeit. Beide Thesen verkennen die Wirklichkeit des menschlichen Daseins: Wir sind das, was wir machen, doch wir tun Unterschiedliches. Die Arbeit ist eine, wenn auch nicht die einzige Quelle menschlichen Selbstverständnisses. Und es sollte eher darauf ankommen, Menschen arbeiten zu lassen und die Grenzen des Arbeitens zu zeigen. Es sollte sozusagen neben die Ökonomie der Arbeit eine Ökologie der Arbeit treten – dies scheint mir eher die Aufgabe der Gegenwart. Menschen arbeiten, und dies zeichnet sie

---

[11] Georg Büchner, Leonce und Lena, hrsg. v. Burghard Dedner und Thomas Michael Mayer, Stuttgart 2003, S. 44.

als Menschen aus, wenngleich sie nicht ausschließlich arbeiten, und dies zeichnet sie auch als Menschen aus.

4   Ein qualitativer Begriff von Arbeit: Handeln und Verhalten

Wenn die Diagnose stimmen sollte, daß unter der Hand der Arbeitsbegriff in seiner qualitativen Semantik verloren gegangen ist, so müssen wir versuchen, ihn neu zu bestimmen. Nach den ersten beiden Abschnitten, die eher kritisch angelegt waren, komme ich in den beiden folgenden Abschnitten zu einer konstruktiven Diskussion.

Ein sicherer Standpunkt kann gefunden werden, wenn das Arbeiten auf die Tätigkeit des Menschen bezogen wird. Dabei erscheint es wiederum als einseitig, wenn man Arbeiten, wie es häufig geschieht, mit der mehr oder weniger mühsamen Herstellung eines Produkts zur Lebensfristung verbindet. Demgegenüber will ich mit der Philosophischen Anthropologie den Fokus auf das Arbeiten als eine Form des menschlichen Tätigseins lenken. Nur Menschen können arbeiten, Maschinen funktionieren vielleicht. Damit soll direkt allen romantischen, wie auch immer begründeten Thesen, widersprochen werden, daß die Arbeit eine unmenschliche Tätigkeit ist. Wer halbwegs nüchtern die Sache betrachtet, wird feststellen, daß Arbeiten eine Tätigkeit des Menschen ist und daß diese Tätigkeit auch als Quelle, wenn auch nicht als einzige Quelle, seines Selbstverständnisses anzusehen ist.

Dies ist die Einsicht Hegels, aber auch diejenige der Philosophischen Anthropologie: „Der Mensch ist das handelnde Wesen. Er ist [...] nicht festgestellt, d.h. er ist sich selbst noch Aufgabe"[12] – eine Aufgabe, die er im Handeln erfüllen muss, und zu diesem Handeln gehört das Arbeiten.

Handeln ist jedoch kein schlichtes Verhalten. Sollen menschliche Tätigkeiten beschrieben werden, bieten sich grundsätzlich zwei Möglichkeiten an: erstens eine Beschreibung unter der Perspektive des *Verhaltens* und zweitens eine Beschreibung unter der Perspektive des *Handelns*. Unter dem Gesichtspunkt des Verhaltens wird die Beschreibung der Tätigkeiten in einem Kausalitätsverhältnis gedeutet. Die Gartenpflege, der wöchentlich Haushaltseinkauf und der Krankenbesuch werden als Verhalten thematisiert, wenn Ursachen ausfindig gemacht werden, die dieses Verhalten bewirken. Die Kategorie des Verhaltens ist in diesem Sinne neutral gegenüber der Mannigfaltigkeit intentionaler Tätigkeiten, d.h. Tätigkeiten, die einen Zweck verfolgen. Zwecke differenzieren Tätigkeiten als Handlungen, und die Angabe von Gründen sollte im Falle des Handelns nicht mit einer Erklärung durch Ursachen verwechselt werden.

Im Gegensatz zu der Kategorie des Verhaltens ist es die Kategorie des Handelns, die es erlaubt, Unterschiede herauszustellen. Zu der Struktur des Arbeitens gehört es beispielsweise, dass wir mit einer Handlung konfrontiert werden, die

---

12   Arnold Gehlen: Der Mensch. Seine Natur und seine Stellung in der Welt (1940), Gesamtausgabe Bd. 3.1, hrsg. v. Karl-Siegbert Rehberg, Frankfurt/M. 1993. S. 12, 30.

durch *Unabgeschlossenheit, Zeitgebundenheit, Optimierung, Expertenwissen* und *Beherrschbarkeit* ausgezeichnet ist. Dies will ich im Folgenden kurz skizzieren, indem neben der Charakterisierung zugleich zeitgenössische Missverständnisse angeführt werden.[13]

1) Unabgeschlossenheit meint, daß aus dem Blickwinkel des Handelns das Arbeiten nicht mit der Fertigstellung eines Produkts beendet wird, sondern sich dadurch auszeichnet, daß eben diese Fertigstellung jeweils wiederholt werden kann oder muss. Der Architekt hat nicht etwa dann und nur dann gearbeitet, wenn er ein einziges Haus entworfen und den Bau betreut hat, sondern wenn er unabhängig von diesem einzelnen Haus weitere Häuser entwirft und betreut. Im Falle der Arbeit endet die Arbeit nicht bei einem einzelnen Produkt oder Artefakt – dann wäre der Arbeiter vielleicht eher ein Künstler –, sondern im Verfertigen mehrerer gleichartiger Produkte.

Das Problem unserer Zeit scheint mir nun darin zu bestehen, daß wir mehr und mehr dazu neigen, in dem Arbeitsleben ein Künstlerleben zu sehen. Wir sollen fortwährend unterschiedliches, und dies am besten noch gleichzeitig tun. Dies hat Konsequenzen: Einerseits kommt nicht jeder mit der Existenzweise des Künstlers zurecht; und zweitens haben nicht alle Künstler große Werke hinterlassen.

---

[13] Vgl. hierzu Christian Bermes: Arbeiten und Leben. Grundzüge einer Phänomenologie des Handelns, in: Julia Jonas, Karl-Heinz Lembeck (Hg.): Mensch – Leben – Technik. Aktuelle Beiträge zur phänomenologischen Anthropologie, Würzburg 2006, S. 149-167.

2) Die Zeitgebundenheit der Arbeit findet darin ihren Ausdruck, daß im Arbeitsprozess eine Tätigkeit ausgesetzt werden kann, um sie zu einem anderen Zeitpunkt wieder aufzunehmen. Zeit ist hier als eine objektivierte Zeit zu verstehen, die in Intervalle unterteilt werden kann. So ist es natürlich möglich, das Umgraben des Gartens um 12.00 Uhr zu beenden, um es am nächsten Tag um 10.00 Uhr fortzusetzen. Dies ist bei anderen Handlungen prinzipiell ausgeschlossen. Derjenige, der einen Freund besucht, kann grundsätzlich nicht zwischendurch eine Pause einlegen, um dann den Besuch fortzusetzen. Die Erlebniszeit dieser Handlung ist nicht teilbar.

Hier scheint mir ebenfalls eine Schwierigkeit der gegenwärtigen Arbeitsverhältnisse zu liegen. Um es plakativ auszudrücken: Viele sind mit der mangelnden Differenzierung zwischen der Arbeitszeit, die mehr und mehr frei gestaltet werden kann, und der Erlebniszeit, überfordert. Es kommt zu Stresssituationen auf beiden Ebenen, die dem Umstand geschuldet ist, daß die Zeitdimensionen in Unordnung geraten sind.

3) Unter Optimierung soll das Phänomen verstanden werden, daß eine Handlung als Arbeit an einem bestimmten Maß gemessen werden kann. Dieses Maß kann die Nützlichkeit des hergestellten Produkts betreffen, sie kann aber auch in der Effizienz des Arbeitsvorgangs liegen. Aufgrund dieses Maßstabs kann der Arbeitsprozess gänzlich neu organisiert werden, es können also neue Regeln des Verfertigens etabliert werden. Die Industrie- und Technikgeschichte bietet

hierfür genügend Beispiele: Glücklicherweise müssen wir heute nicht mehr mit der Kutsche nach Paris fahren, sondern können die Bahn oder das Flugzeug benutzen. Im Falle anderer Handlungen ist eine Optimierung dieser Art kaum vorstellbar. So ist es zwar möglich, die Kondition und die Technik der Fußballspieler zu verbessern, es ist jedoch nicht möglich, das Fußballspiel in dem Sinne zu optimieren, daß man gänzlich neue Regeln des Spielens einführt, die das Tore Schießen oder Tore Verhindern optimierten. Dann wäre das Fußballspiel kein Spiel mehr, da Spiele nicht nur nach Regeln, sondern auch mit Witz, mit einer Pointe, gespielt werden.

Auch dieser Aspekt scheint mir heute wichtig, etwa in dem Falle, wo es darum geht, das soziale Engagement wieder zu beleben. Es erscheint als einseitig, dies ausschließlich durch ökonomische Anreizsysteme leisten zu wollen, denn die Bedeutung des Engagements in Vereinen richtet sich nicht nach der Anzahl der Bekanntschaften, sondern nach der Wertschätzung des Handelns selbst. Die Regeln mögen ähnlich sein, der Witz ist jedoch ein anderer.

4) Im Falle des Arbeitens gibt es Experten und Expertenwissen, im Falle anderer Handlungen können wir nicht immer mit Experten rechnen. Tritt beispielsweise beim Gebrauch eines neuen Textprogramms ein Problem auf, das beispielsweise dazu führt, daß das Textprogramm fortwährend ein A schreibt, während die Taste B getippt wurde, so ist es sinnvoll einen Experten zu konsultieren, der das Programm beherrscht und das Problem lösen kann. Dieser Ex-

perte ist genau dann ein Experte, wenn er den Fehler findet, einen Lösungsweg aufzeigt und das Problem damit endgültig vom Tisch ist. Tritt jedoch im Falle der Erziehung eines Kindes ein Problem auf, so daß das Kind beispielsweise Buchstaben falsch ausspricht, so können wir auch hier einen Experten rufen, etwa einen Logopäden, der hoffentlich das Problem löst – doch die Tätigkeit der Erziehung ist damit nicht betroffen. Denn was das Kind mit diesen nun hoffentlich richtig ausgesprochenen Buchstaben anfängt, d.h. welche Wörter und Sätze es sagt (und auch nicht sagt), und wie es die Sätze sagt, dafür gibt es keinen Experten.

Auch hier scheint ein Problem der Gegenwart zu liegen, das unter dem Titel der Professionalisierung der Lebenswelt verhandelt werden kann und darin begründet liegt, daß wir für jede Ungereimtheit im Leben eine ‚Supernanny' suchen. Doch der Experte muss kein Vorbild sein, und wir neigen dazu, unser eigenes Sein auf das Bild eines Experten zu reduzieren, wo eigentlich Vorbilder gesucht sind.

5) Der letzte Aspekt führt schließlich zur Beherrschbarkeit. Dies bedeutet, daß wir bei Arbeitshandlungen davon ausgehen, daß wir grundsätzlich das Ziel erreichen können. Im Falle des Arbeitens verfügen wir über ein bestimmtes *Know How*, das wir einsetzen, dieses Ziel zu realisieren. Natürlich ist der Umstand eingeschlossen, daß das Ziel später erreicht wird oder verfehlt werden kann. Doch wir arbeiten unter der Prämisse, daß wir die Sache, die wir erreichen wollen, in der Hand haben. Wäre dies nicht der Fall, würden wir kaum einen Klempner bei einem Wasserschaden anrufen.

Doch diese Wissensform prägt nicht unser ganzes Leben. Das politische Handeln lässt sich nicht darauf reduzieren, daß wir eine Technik besitzen würden, um dieses oder jenes Ziel zu erreichen, wie der Klempner eine Verstopfung beseitigt. Das politische Handeln zeichnet sich wesentlich dadurch aus, daß wir die unterschiedlichen Interessen bewerten. Auch steht uns in Freundschaften keine Technik zur Verfügung, den anderen im Griff zu haben. Wollten wir ihn dirigieren, wie wir eine Maschine handhaben, wäre es keine Freundschaft mehr.

All diese Charakteristika gründen auf dem Phänomen des Arbeitens als einer menschlichen Handlung. Sie spezifizieren das Arbeiten nach unterschiedlichen Gesichtspunkten, indem sie es anthropologisch auf die Handlung des Menschen beziehen, und Handlungstypen unterscheidbar werden. Damit ist bereits einiges über die Anthropologie der Arbeit gesagt: Besteht diese doch im Wesentlichen darin, den Menschen als eine Aufgabe zu begreifen, eine Aufgabe, die durch sein Handeln erfüllt wird, die jedoch nicht auf einen Handlungstyp reduziert werden kann.

5   Der Beruf und die soziale Bedeutung der Arbeit

Werden die anthropologische und die handlungstheoretische Perspektive eingenommen und nach der Bedeutung der Arbeit gefragt, so liegt sie nicht im Gelderwerb, sondern in der Formation einer Person. Diese gestaltet sich durch die Differenzierung und Organisation oder auch die Ökologie von Handlungstypen. Der sozialphilosophische Mehrwert der Arbeit, der abschließend angesprochen werden soll, kann ebenso wenig ausschließlich in der ökonomischen Kapitalbildung gesucht werden – weder auf dem Konto noch im Staatshaushalt.

Um die Bedeutung des Arbeitens mit Blick auf die Sozialität zu ermessen, ist es sinnvoll, auf einen weiteren Gedanken Arnold Gehlens in seiner Anthropologie zurückzugreifen: „Menschen können nichts *auf die Dauer* gemeinsam tun, ohne es nach Regeln zu tun. Die abgehobene Regel gegenseitigen Verhaltens ergibt den Grundriss einer dauernden Einrichtung, einer Institution. Solche stabilisierten Verhaltensmuster machen das gegenseitige Handeln berechenbar und zeitneutral, sie bedeuten für den einzelnen eine *Entlastung*".[14] Wendet man diese Überlegung auf das Arbeiten an, so bedeutet dies *erstens*, daß der Beruf eine Institution, eine Entlastung für den einzelnen darstellt, insofern das berufsmäßig organisierte Arbeiten, den einzelnen bindet *und* freistellt, so daß er noch andere Tätigkeiten ausführen kann. *Zweitens* leistet der Berufstätige einen wichtigen Beitrag zur Konstitution einer Sozialität, insofern sich der Berufstätige gegenüber anonymen Dritten verpflichtet.

Man sollte dieses Phänomen nicht unterschätzen. Indem vermittels des Berufes eine Person eine Aufgabe übernimmt und sie dauerhaft ausführt, verpflichtet sie sich gegenüber

---

[14] Arnold Gehlen: Philosophische Anthropologie (1971), a. a. O., S. 236-246, hier: S. 244.

einem anonymen Dritten eine Leistung zu erbringen. Er ist für andere, die ihn nicht kennen und die er nicht kennt, aufgrund seines Berufes ansprechbar geworden und übernimmt damit Verantwortung. Ist das Verantwortungsverhältnis ansonsten an Familienbande oder persönliche Bekanntschaft geknüpft, so daß die Eltern für die Kinder oder Freunde füreinander verantwortlich sind, so eröffnet der Beruf eine Sphäre der Verantwortlichkeit für anonyme Dritte, gegenüber denen der Berufstätige eine Verpflichtung übernimmt. Verantwortung aber für unbekannte Dritte bedeutet nichts anderes als die Konstitution einer Gesellschaft.

Es ist wohl kein Zufall, daß gerade einige amerikanische Soziologen und Philosophen im ausgehenden 20. Jahrhundert wieder die Bedeutung des Berufs in diesem Sinne aufgegriffen haben. Robert N. Bellah bemerkt: „Im engen Sinne einer ‚Berufung' stellt Arbeit ein Verhaltens- und Charakterideal dar, das eine moralische Brücke zwischen Arbeit und Leben schlägt. Berufung ordnet die Arbeit des einzelnen in einen geregelten und übergreifenden Zusammenhang ein, so daß sie nicht nur durch ihr Ergebnis oder den Profit, den sie hervorbringt, Bedeutung und Wert hat, sondern in sich selbst. Berufung verbindet eine Person nicht nur mit anderen Menschen, sondern mit einer Gemeinschaft, einem Ganzen, in dem die Berufung des einen als Beitrag zum Gemeinwohl erscheint."[15] Und dies gründet im Wesentlichen darauf, daß

---

15 Robert N. Bellah u. a.: Gewohnheiten des Herzens. Individualismus und Gemeinsinn in der amerikanischen Gesellschaft, übers. v. Ingrid Peikert, mit einem Vorwort von Hermann Scheer, Köln 1987, S. 92f.

im Beruf eine Verantwortung übernommen wird, Leistungen für bislang Unbekannte zu erbringen. Dies bedeutet natürlich nicht, daß eine Gesellschaft alleine durch Berufe konstituiert wird, doch es heißt, daß dem Beruf eine bedeutende Funktion in der Bildung einer gelingenden Sozialität zukommt.

Berufe, so die Analyse, stabilisieren *erstens* persönliche Identität, indem eine Tätigkeit auf Dauer gestellt wird, eine Tätigkeit, die als Quelle des eigenen Person-Seins zu begreifen ist. Berufe konstituieren *zweitens* eine gelingende Sozialität, indem Verantwortung gegenüber anonymen Dritten übernommen wird. Arbeiten kann man alleine, einen Beruf hat man nur in einer Gesellschaft. Dies ist vielleicht das Problem, was heute übersehen wird, wenn davon gesprochen wird, die Menschen in Arbeit zu bringen. Sind wir doch dabei auf dem besten Weg, einen qualitativen Begriff von Arbeit zu übersehen.

Fünfundzwanzig Möglichkeiten, über den Sinn von Arbeit nachzudenken (als Betriebswirt anfangend bei der Betriebswirtschaftslehre)

Reinhard Pfriem

1 Arbeitsorientierte Einzelwirtschaftslehre (AOEWL)

Eine Betriebswirtschaftslehre, die sich kategorial vor allem auf Arbeit bezieht, das ist – und bleibt vermutlich – ein kaum bekanntes Unikum. Es gab dies aber tatsächlich: in den Jahren 1973 bis 1976, unter dem Namen Arbeitsorientierte Einzelwirtschaftslehre (AOEWL) als Versuch, unter Bezug auf die damals noch sehr verbreitete Gesellschaftsanalyse des Dualismus von Arbeit und Kapital der als kapitalorientiert kritisierten vorherrschenden Betriebswirtschaftslehre eine arbeitsorientierte entgegenzusetzen. Ausgearbeitet wurde das Ganze von einer Projektgruppe des Wirtschafts- und Sozialwissenschaftlichen Instituts des Deutschen Gewerkschaftsbundes (DGB), unter wissenschaftlicher Leitung von Prof. Dr. Norbert Koubek von der Bergischen Universität Wuppertal.[1]

---

[1] Projektgruppe im WSI 1974.

Inhaltlich lief das Ganze darauf hinaus, in der jeweiligen Programmatik des DGB sozusagen die normative Bezugsgröße dessen zu sehen, woran sich eine Arbeitsorientierte Einzelwirtschaftslehre als Betriebswirtschaftslehre in arbeitsorientierter Absicht ausrichten sollte.

2 Arbeitsorientierte Rationalität und stoffliche Dimensionen von Arbeit

Norbert Koubek war von 1980 bis 1983 für mich, damals in Westberlin lebend, mein Doktorvater. Aus den Gründen von (1) wäre er es wohl nie geworden, weil ich nie zu dem Teil der Linken gehörte, der in der jeweiligen Beschlusslage der Gewerkschaftsvorstände das Heil der Arbeiterbewegung sah. Für mich, der ich damals gerade anfing, mich mit den Beziehungen zwischen Ökonomie und Ökologie zu beschäftigen, war die theoretische Wende interessant, die Norbert Koubek nach dem Auseinanderfallen der WSI-Projektgruppe versuchte. Der ausdrückliche Versuch, den ökonomischen Prozess über die Kategorie Arbeit zu erfassen, führte zu einer Unterscheidung in vier von ihm so genannte stoffliche Dimensionen von Arbeit, die soziale und die ökologische als originär und die technische und die produkturale als derivativ.

Das knüpft natürlich an an das von Marx her stammende Verständnis von Arbeit als Stoffwechsel zwischen Mensch und Natur.² „Alle Produktion ist Aneignung der Natur von Seiten des Individuums innerhalb und vermittelst einer bestimmten Gesellschaftsform."³ In der Marxschen Terminologie kann das auch auf den Begriff des Gebrauchswertes bezogen werden: damit versuchte Karl Marx seinerzeit die durch den Tauschwert verdeckten stofflichen Grundlagen des ökonomischen Prozesses aufzudecken. Es ist nicht falsch, in der Verwendung des Begriffes „sozialökologisch" eine Erinnerung an diese Herangehensweise zu identifizieren. Ich habe selbst den Begriff – in absichtsvollem Plural – mit dem Titel der Veröffentlichung meiner St. Galler Habilitationsschrift benutzt[4], und er dient dem Bundesforschungsministerium seit 2001 auch zu einem ganzen Förderprogramm.⁵

3 Erich Gutenberg als unfreiwilliger Wiedergänger von Karl Marx

Die Dialektik von Gebrauchswert und Tauschwert wurde der Betriebswirtschaftslehre, die sich in Deutschland nach Gründung der ersten Handelshochschulen 1898 als wissenschaftliche Disziplin zu entwickeln begann, in eigentümlicher Weise auf den Weg gegeben. Eugen Schmalenbach

---

[2] Vgl. Schmidt 1978.
[3] Marx 1953, S. 9.
[4] Pfriem 1995.
[5] Zum programmatischen Umfeld s. Becker/ Jahn 2006.

rückte die stofflich-technische Seite in den Vordergrund und formulierte 1914: „Wir sehen in der Privatwirtschaftslehre die Fabrik als Fabrik und nicht als Veranstaltung eines Unternehmers."[6] Demgegenüber hieß es bei Wilhelm Rieger: „Die Unternehmung ist eine Veranstaltung zur Erzielung von Geldeinkommen – hier Gewinn genannt – durch Betätigung im Wirtschaftsleben."[7]

Erich Gutenberg, der zum prominentesten Vertreter der deutschen Betriebswirtschaftslehre im 20. Jahrhundert werden sollte, kombinierte die Theorien seiner beiden Vorläufer in einer Konzeption, die das betriebliche Geschehen produktionstheoretisch über objektbezogene menschliche Arbeitsleistungen, Werkstoffe und Betriebsmittel als so genannte Elementarfaktoren fundierte und diesen Betrieb einbettete in das erwerbswirtschaftliche Prinzip der marktwirtschaftlichen (kapitalistischen) Unternehmung. Arbeit wurde von ihm in zwei Klassen geteilt: auf der anderen Seite der objektbezogenen menschlichen Arbeitsleistungen wurde die Betriebs- und Geschäftsleitung als dispositiver Faktor platziert.[8] Ein orthodoxer Marxist hätte das nicht plakativer definieren können.

Gutenbergs produktionstheoretischer Zugriff war allerdings bei näherem Hinsehen wie die frühe moderne Nationalökonomie von Smith, Ricardo u. a. keine wirkliche Pro-

---

[6] Schmalenbach 1914, S. 319.
[7] Rieger 1984, 44.
[8] S. die Einleitung des ersten Bandes von Gutenberg 1951.

duktionstheorie im umfassenden Sinn, sondern eine Theorie der Produktionsfaktoren, diesmal aber nicht zur Legitimierung kapitalistischer Profite des in Ausbreitung befindlichen bürgerlichen Unternehmertums, sondern mit dem Ziel der gesteigerten Effizienz betrieblicher Leistungserstellungsprozesse. Innerhalb dessen waren die objektbezogenen menschlichen Arbeitsleistungen (also die große Masse der arbeitenden Menschen) ein Produktionsfaktor auf derselben Ebene wie Werkstoffe und Betriebsmittel. Sinn von Arbeit war und bleibt hier ganz außen vor, so wie für die neoklassische Volkswirtschaftslehre die Präferenzen. Ökonomik wird in beiden Fällen – und gerade in dieser Hinsicht hat Gutenberg Betriebswirtschaftslehre zeitlebens als Wirtschaftswissenschaft sehen wollen, ausdrücklich nicht als Sozialwissenschaft[9] – so konzeptualisiert, dass es um die maximale Effizienz beim Mitteleinsatz für Ziele geht, die selbst nicht thematisiert werden sollen. Die Sinnhaftigkeit von Arbeit wird weder in ihrem Wofür noch in ihrem Wie befragt.

4 Die Wissenschaft vom Strategischen Management: die Arbeit verschwindet, und damit erst recht die Frage nach ihrem Sinn

Die Betriebswirtschaftslehre als Wissenschaft hat in den letzten zwei Jahrzehnten eine nicht gerade leicht zu beschrei-

---

[9] S. Gutenberg 1957.

bende Entwicklung genommen.[10] In betrüblich großen Teilen bleibt sie theorieavers[11], als Stabilbaukasten für Rechnungswesen, finanzwirtschaftliches Controlling, Planungsinstrumente u. ä. mehr. Hier wie in anderen Teilen mit durchaus theoretischen Ansprüchen bleibt das Produktionsparadigma lebendig. Der main-stream des hauptsächlich so Weitermachens, wie es ist, bezieht sich inzwischen auf die so genannte Neue Institutionenökonomik mit der Auffächerung in drei besondere Ansätze: den vor allem von Oliver Williamson entwickelten Transaktionskostenansatz, den Principal-agent-Ansatz sowie den Property-Rights-Ansatz.[12] Die Betrachtung von Kosten zum Zweck der Wahl geeigneter Organisationsformen, die Analyse der Beziehungen zwischen Prinzipal und Agenten sowie die Untersuchung von Eigentumsrechten sind von einem Zugang auf das Phänomen Arbeit alle gleich weit entfernt.

Was den vorherigen ökonomischen Rahmen eher sprengt, ist die wie vieles in der deutschen Betriebswirtschaftslehre zunächst aus den USA importierte und weiter an Gewicht gewinnende wissenschaftliche Disziplin des Strategischen Managements. Insofern diese das Niveau ihrer einseitig planungsgerichteten Ansätze übersteigt, gibt es Schnittmengen mit Organisationstheoretikern und Theoretikern von Organisationsentwicklung auf höherem theoreti-

---

[10] Vgl. Pfriem 2005.
[11] Zumal nicht jede Verwendung mathematischer Methoden gleich als theoretisch angesehen werden sollte.
[12] Vgl. Richter 1996.

schem Niveau. Bei den Organisationstheoretikern kommt über Mikropolitik Arbeit teilweise ins Spiel.[13] Zahlreiche frühere Vertreter der Organisationsentwicklung, die mit der Gründung der deutschen Gesellschaft für Organisationsentwicklung 1980 gleich sehr direkt auf das Thema Arbeit zugingen, nämlich über die seinerzeitigen Förderprogramme zur Humanisierung der Arbeit und mit der Frage nach den konkreten Vereinbarkeiten von Rationalisierung und Humanisierung, haben heute ihr Kleid und Terrain gewechselt und firmieren als Theoretiker eines Change Management, bei dem Arbeit nicht mehr vorkommt.[14]

Die große Verbreitung der Luhmannschen Systemtheorie in diesen Beraterkreisen ist übrigens nicht die Lösung, sondern das Problem: dessen Theorie ist eben die scheinbar modernste und elaborierteste, um altbackene Ideen hinsichtlich des Funktionierens von Ökonomie und des Selbstverständnisses von Ökonomik unter die Leute zu bringen – gerade in dem Sinne, Arbeit (und bei näherem Hinsehen auch Unternehmertum) in den blinden Fleck zu schieben.

---

[13] Vgl. dazu Küpper/ Ortmann 1988.
[14] Vgl. Kulmer/ Trebesch 2004, zur Kritik daran Pfriem 2005a.

5 Unternehmensstrategien: die Frage nach dem Sinn von Arbeit ließe sich als betriebswirtschaftliche durchaus stellen

Bezogen natürlich auf den Akteur bzw. das Akteurssystem des Strategischen Managements und nicht auf Arbeitnehmergruppen oder gar Arbeitnehmervertretungen außerhalb des Unternehmens ist Strategisches Management im 21. Jahrhundert Umgang mit prinzipiell offenen Zukünften.[15] Nicht zufällig erfährt in den letzten Jahren der 1950 verstorbene österreichische Wirtschaftstheoretiker Joseph Schumpeter eine Renaissance, der wie kaum ein anderer im 20. Jahrhundert Unternehmertum als praktizierte Einstellung und den kapitalistischen Entwicklungsprozess als „schöpferische Zerstörung" zusammendachte.[16] Unsicherheit und Ungewissheit oder – philosophischer ausgedrückt – Kontingenz werden zu den zentralen Kategorien des Strategischen Managements.

„Vor allem muss die black box Zukunft aufgehellt werden, das heißt: die Unternehmen müssen Stellung beziehen, welche künftigen Entwicklungen sie erwarten und welche sie befördern wollen. Zukunftsfähiges Strategisches Management muss insofern versuchen, eine Doppelperspektive einzunehmen: sich einerseits auf die Seite der möglichen gesellschaftlichen Zukünfte schlagen und für das Unternehmen die Frage beantworten, welche es unterstützen will, anderer-

---

[15] S. Pfriem 2006.
[16] Vgl. Schumpeter 1993 und 1997.

seits die Bedingungen des eigenen Unternehmens auf seine Möglichkeiten befragen, eben dieses zu tun."[17] Das ist Arbeit im besten Sinne von schöpferischer Arbeit – unternehmerische Arbeit – Unternehmerarbeit.

6 Habermas: eine in dieser Sache eher unselige Theorietradition

„Unter ‚Arbeit' oder zweckrationalem Handeln verstehe ich entweder instrumentales Handeln oder rationale Wahl oder eine Kombination von beiden. Instrumentales Handeln richtet sich nach technischen Regeln, die auf empirischem Wissen beruhen."[18] Legt man den Marxschen Begriff von Ideologie als notwendig falschem Bewusstsein zugrunde, erweist sich diese Aussage in unfreiwilliger Ironisierung des Titels von Habermas selbst als Ideologie. Habermas hat diese Grundposition bis heute nie revidiert, im Gegenteil mit seiner umfangreichen Theorie des kommunikativen Handelns verfestigt. Damit wurde allerdings von hoch angesehener sozialphilosophischer Warte aus das verheerende Signal gegeben, von Arbeit und damit Unternehmen und Wirtschaft sei sowieso nie etwas Gutes für diese Welt zu erwarten – eine Position, die sich sowohl in der Gesellschaft als auch in

---

[17] Pfriem 2006, S. 269 f.
[18] Habermas 1968, S. 62.

der Wissenschaft gerade in Deutschland weiterhin als erstaunlich stark erweist.[19]

Paradoxerweise – paradox mit Blick auf die Schärfe seinerzeitiger Auseinandersetzungen zwischen Habermas und Luhmann – bleiben Unternehmen und Wirtschaft bei Habermas und Luhmann in im Prinzip derselben Weise theoriekonzeptualistisch im Bereich des Bösen bzw. gesellschaftlichen Anforderungen gegenüber Aversen verhaftet.

7 Arbeit als zweckdienlich: wo bleibt der Sinn?

Auch die Ausführungen, die in der von Jürgen Mittelstraß herausgegebenen Enzyklopädie Philosophie und Wissenschaftstheorie zum Begriff der Arbeit zu finden sind, beginnen mit deren Zweckrationalität: „In einem sehr allgemeinen Sinne heißt Arbeit jede menschliche Tätigkeit, die um der Herstellung zweckdienlicher Situationen und Gegenstände willen ausgeführt wird."[20] Im weiteren wird immerhin auf die Möglichkeit verwiesen, dass Arbeit auch der Selbstverwirklichung bzw. einem guten Leben dienen könne, in Abgrenzung von jenem Begriff entfremdeter Arbeit, den wir theoretisch vor allem über Karl Marx kennengelernt hatten.

---

[19] Natürlich tragen so manche Unternehmen das Ihrige zur Stabilisierung dieser Position immer wieder bei, aber das ist ja etwa auf der individuellen Handlungsebene auch so, ohne dass dort systematisch nur Schlechtes erwartet wird.

[20] Mittelstraß 2004, S. 151.

In einem engeren Sinne, so die Enzyklopädie weiter, bezieht sich das Wort Arbeit nur auf mühevolle und unerwünschte Tätigkeiten. Die nachfolgenden Literaturhinweise fangen zwar mit Hannah Arendt an, aber deren Unterscheidung in animal laborans, homo faber, Handeln und Vita activa kommt im Text gar nicht vor. Der Begriff „zweckdienlich" unterstreicht den instrumentellen Charakter von Arbeit.

Wirklich modern würden wir über Arbeit reden, wenn wir auch sprechen über das Spiel, so wie Herbert Marcuse schon vor über sieben Jahrzehnten in seinem Aufsatz über die philosophischen Grundlagen des wirtschaftswissenschaftlichen Arbeitsbegriffs[21], sowie über Muße – nicht mit Müßiggang zu verwechseln.

8 Arbeit und die Aufhebung des Zweckdienlichen oder Instrumentellen: der Sinn der kommunistischen Utopie heute

Die kommunistische Utopie, bei ausreichenden materiellen Grundlagen und unter veränderten gesellschaftlichen Bedingungen nicht nur im Leben, sondern auch am selben Tag – wohlgemerkt: frei wählend und nicht als Kombination von drei zur Existenzsicherung nötigen Teilzeitjobs! – mal dieses, mal jenes tun zu können, scheint sich nicht realisieren zu lassen. „An sich" spräche vielleicht nichts dagegen, aber in dem

---

[21] Marcuse 1965.

"an sich" liegt das Problem. Die Menschen – sie sind nicht so. Karl Marx war wie Immanuel Kant und viele andere führende Gestalten der frühen industriekapitalistischen Moderne im Grunde der Ansicht, dass die Menschen an sich gut sind und eine Welt des Friedens, der Toleranz und des allgemeinen Glücks schaffen werden, wenn man sie nur lässt.

Die Dialektik der Aufklärung von Horkheimer und Adorno (1969) hätte aus heutiger Sicht vor allem diesen anthropologischen Fehler deutlich machen sollen. Dass die vollends aufgeklärte Erde im Zeichen triumphalen Unheils strahlt, wie der Text beginnt, liegt offenkundig daran, dass die Menschheit, oder weniger pathetisch: die Menschen anders ticken, als in den frühmodernen Utopien sowohl bürgerlicher wie proletarisch-sozialistischer und kommunistischer Provenienz unterstellt. Speziell auch die emanzipatorischen Bedeutungszuweisungen, die Marx und Engels der Arbeit verpassten, können heute in der Weise keine Geltung mehr beanspruchen.

9 Die Anteile an Reparatur- und Therapiearbeit steigen kontinuierlich

Die Wende von marxistisch geleiteter zu einer ökologisch inspirierten Gesellschaftskritik bestand in den 80er Jahren des 20. Jahrhunderts nicht unwesentlich darin, sich von der Fetischisierung von Arbeit, Technik und Industrie zu verabschieden und auf den zerstörerischen Charakter spezifischer

Arbeiten und Technologien unabhängig von deren Organisation, Verfügung über Produktionsmittel etc. hinzuweisen. Lars Clausen machte seinerzeit absichtsvoll den Begriff der destruktiven Arbeit stark und unterschied diese in „(1) Naturzerstörung, (2) Mitmenschenzerstörung, (3) Selbstzerstörung".[22]

Diese Differenzierung könnte heute so aufgenommen werden, dass gegenüber dem wirklich zukunftsgerichtet Schöpferischen von Arbeit zumindest zwei Typen gesellschaftlicher Arbeit abgezogen, also dafür nicht in Rechnung gestellt werden, die ich vorschlage als Reparatur- und Therapiearbeit zu kennzeichnen. Das Problem der Reparaturarbeit ist bereits früh in die Debatten um Ökonomie und Ökologie eingespeist worden. So hat etwa Leipert (1989) unter dem bezeichnenden Titel „Die heimlichen Kosten des Fortschritts" darauf hingewiesen, dass die übliche Berechnung des Bruttosozialprodukts (die nach wie vor als Ausweis unserer gesellschaftlichen Wohlfahrt anerkannt wird) systematisch die zum Teil ja auch in direkten Kosten erfassbaren ökologischen Zerstörungen unterschlägt, die wir mit unserer Wirtschaftsweise anrichten.

Selbst wenn man der US-amerikanischen Invasion im Irak wohlwollend gegenüberstünde, wofür allerdings keine guten Gründe sprechen, wäre diese wie das vermutlich meiste Geschehen der heutigen internationalen Politik als Reparaturarbeit zu charakterisieren. Wo in der internationalen Poli-

---

[22] Clausen 1988, S. 55.

tik wird gegenwärtig wirklich nachhaltig an der Zukunft gebaut?

Und das Treiben von Unternehmensberatungen ist ebenso wie die Aktivitäten von Coaches, Supervisor/innen, Psychotherapeut/innen im engeren Sinne etc. vernünftigerweise nicht als Arbeit zu kennzeichnen, die sich auf die Sache (Gestaltung besserer Zukünfte) direkt selber bezieht, sondern darauf, die Akteure zu therapieren, die aus diesen oder jenen Gründen darin be- und gehindert sind, angemessen an der Sache zu arbeiten. Von Novalis ist der Satz überliefert: Der Grund aller Verkehrtheit in Gesinnungen und Meinungen ist – Verwechslung des Zwecks mit dem Mittel. Und von Mark Twain stammt bekanntlich die Formulierung: Als sie das Ziel aus den Augen verloren hatten, verdoppelten sie ihre Anstrengungen.

10 The winner takes it all

Der in der Vergangenheit häufig hoch abstrakt geführte philosophische Gerechtigkeitsdiskurs würde mehr Lebenssaft inkorporieren, wenn konkrete kulturelle Entwicklungen und Veränderungen besser berücksichtigt würden. Eine ganz wesentliche liegt gegenwärtig in einer kulturellen Verschiebung, die sich bemerkenswerter weise gleichzeitig durch verschiedene gesellschaftliche Teilsysteme zieht und zu dem Ergebnis führt, die Mehrheit und das Meiste zum Mittelmaß im negativen Sinne zu degradieren.

Gemeint ist die deutliche Tendenz, ausgehend von dem Befund sich verschärfenden Wettbewerbs, nur noch die Besten als hinreichend gut anzuerkennen. Das Wissenschaftssystem wird überflutet von paranoiden Exzellenzwettbewerben[23], die allen denjenigen (und das sind logischerweise fast alle), die dabei nicht zum Zuge kommen, das Gefühl nahe bringen, eine Niederlage eingesteckt zu haben. Im Fußballsport sind Trainer spätestens ab dem zweiten Tabellenplatz mittlerweile von Entlassung bedroht, und die Fluktuation der Spieler nimmt immer stärkere Ausmaße an, als wüsste man nicht das Geringste davon, dass ein gutes Team aus mehr besteht als aus den einzelnen Qualitäten seiner einzelnen Mitglieder. Und in der Wirtschaft wird über Championships und viele andere Mechanismen seit Jahren das unternehmensinterne Klima rauer, die Verweilzeiten der Top-Manager werden ständig kürzer, der kapitalmarktgetriebene Druck darauf, immer kurzfristiger dem Renditehunger der Shareholder zu genügen, untergräbt systematisch die Fähigkeiten, noch strategisch unternehmerisch zu handeln.[24]

Der Wert dessen, was die meisten Menschen als ihre Tätigkeit bzw. ihre Arbeit betreiben, kommt dabei unter die Räder.

---

[23] Eine kluge und hinreichend sarkastische Analyse dazu liefert Liessmann (2006).
[24] Vgl. dazu Pfriem 2006, S. 71 f.

11 Wir empören uns als Bürger über das, was wir als Konsumenten anrichten

Zu der zu kurz greifenden marxistischen oder allgemeiner gesagt: linken Gesellschaftsbetrachtung früherer Tage gehörte verkoppelt mit der unter (8) behandelten euphorischen anthropologischen Unterstellung die Auffassung, mit gutem Recht den Kapitalisten, also den Unternehmen die Schuld an allem zu geben. Das war rollenbedingt gemeint in dem Sinne, dass sie gar nicht anders könnten. Unter anderem die inzwischen jahrzehntelange Debatte über Ökologie und Nachhaltigkeit hat darüber informiert, dass im Gegensatz dazu nicht nur Unternehmen Freiheiten haben, so oder anders zu entscheiden, sondern dass eine große Verantwortung für negative Entwicklungen im gesellschaftlichen Feld den menschlichen Konsumhandlungen zukommt.[25]

Für viele sind – ganz unabhängig von linken Ideen – Manager und Politiker immer noch an allem schuld, die da oben – wir nicht. Es entlastet, wenn man andere für schlechte Verhältnisse verantwortlich machen kann und selbst dabei ein reines Gewissen hat. Die qualitätszersetzende Konsumkultur „Geiz ist geil" kann aber nur dadurch greifen, dass die Konsumentscheidungen entsprechend ausfallen. Und wer die

---

[25] In einem größeren Verbundprojekt für das Bundesforschungsministerium beschäftigen wir uns an meinem Lehrstuhl von 2007 bis 2010 anhand des häuslichen Energiekonsums und der Ernährung, also zweier absichtsvoll sehr unterschiedlich strukturierter Konsumfelder, mit der Ökonomie des nachhaltigen Konsums.

anhaltende Expansion des materiellen Konsums bis in die einkommensschwächsten Schichten hinein auch nur halbwegs realitätstüchtig beobachtet, sollte auf das Argument verzichten, die Konsumenten folgten eben legitimer weise dem ökonomischen Prinzip. Schlechtes Essen, schlechte Kleidung, schlechte Geräte sind bei näherem Hinsehen nicht billiger, sondern teurer – das wissen wir längst.

Sven Hillenkamp hat dies in der ZEIT vom 8. Juni 2006 als Persönlichkeitsspaltung beschrieben: „Wir buchen Flüge zu Preisen, von denen wir wissen, dass sie auf Niedriglöhnen und Stellenabbau beruhen. Wir kaufen ein in Supermärkten, deren Preise angemessene Gewinne für die Produzenten ausschließen – ebenso wie eine umwelt- und tiergerechte Produktion. Wir haben gelesen, dass den Angestellten hinter der Kasse landesübliche Rechte vorenthalten werden. Wir wissen, dass Hosen und Pullover, Computer und DVD-Player, die wir zu Spottpreisen kaufen, nicht in Deutschland, sondern im Ausland gefertigt werden, in so genannten Niedriglohnländern. Sozialdumping, Stellenabbau, Verlagerung der Produktion ins Ausland – als Kunde fördern wir alles, was uns als Bürger empört." Das vorherrschende Konsummodell untergräbt Sinn und Wert der Arbeit.

12 Die Heuschrecken sind wir potentiell selber

Nicht nur der Dualismus von Kapital und Arbeit ist längst erodiert. Die Transformation des ursprünglich unternehmerischen, dann Managerkapitalismus zum Anlegerkapitalismus macht das zu Kritisierende bzw. zu Bekämpfende spätestens dann „unsichtbar", wenn wir merken, dass wir potentiell alle die Heuschrecken sind, über die wir uns aufregen. Dieselben Menschen, die sich darüber aufregen, dass Gewinne und Dividenden steigen, wenn Menschen in großer Zahl entlassen werden, werkeln daran mit, indem sie – unterstützt von ihren Banken und anderen Finanzdienstleistern – ihre eigenen Geldanlagen natürlich dort positionieren, wo es die größte Rendite verspricht.

So setzt sich die Persönlichkeitsspaltung der internationalen Konsumentenklasse als Schizophrenie bei denselben Menschen als stark ansteigender Anlegerklasse fort. Und verschärft wird das Problem dadurch, dass hinter dem Stichwort von der Erbengeneration ein Phänomen steckt, das für unser Thema Arbeit schwerwiegender kaum sein könnte: die geradezu systematische Abkopplung persönlichen Reichtums von Arbeit und Leistung.

13 Eventokratie

Aus der Jugendforschung und speziell der Forschung zu brand communities[26] kennen wir das Phänomen von als sinnstiftend erachteten Formen der Selbstinszenierung. Dabei wäre das branding kaum so erfolgreich, wenn dessen

---

[26] S. dazu Hellmann/ Pichler 2005.

performative Akte nicht mit neuen hoch wirksamen Personalisierungen verbunden wären. Der main-stream dieser Entwicklung besteht in der Herausbildung, Fremd- und natürlich auch Selbstbestätigung einer bildungsfeindlichen Eventokratie, an der sich andere Menschen kulturell ausrichten.

Diese Eventokratie zieht ihre Reputation gerade nicht aus bei näherem Hinsehen tatsächlich bewundernswerten Eigenschaften, sondern aus via Entertainment demonstrierter Bildungslosigkeit. Exemplarisch sei dazu die ja auch vor ihrer Heirat schon prominente Frau von David Beckham zitiert: „Ich habe in meinem Leben noch nie ein Buch gelesen, ich habe einfach nicht die Zeit dazu." Das historisch notwendige Aufbrechen einer kulturellen Praxis, der die Distinktion von Hochkultur gegenüber anderem fundamental wichtig war, hat zu dem Ergebnis geführt, dass heute schlimmster kultureller Pöbel sicher sein kann, auf ein befriedigendes Maß an gesellschaftlicher Anerkennung zu stoßen. Wenn mehr Geld damit verdient werden kann, in Talk-Shows über vermeintliche oder wirkliche Vergewaltigungen, Kindesmisshandlungen u. ä. zu berichten, als damit, beim Kunden eine defekte Wasserleitung zu reparieren, erodiert selbstverständlich der Sinn und der Wert von Arbeit.

14 In welcher Gesellschaft leben wir eigentlich?

Die Zeiten waren noch einfach, als die Gesellschaft, in der wir leben, je nach wissenschaftlichem und politischem Gusto mit den Begriffen Kapitalismus, Marktwirtschaft oder Industriegesellschaft bezeichnet wurde. Inzwischen verzeichnen wir eine Inflation von Begriffen, angefangen bei Risikogesellschaft (Ulrich Beck) über Erlebnisgesellschaft (Gerhard Schulze) bis zur Multi-Optionsgesellschaft (Peter Gross) und vielem anderem mehr.

Mit all dem werden einzelne Facetten und Merkmale der (dann auch noch einmal spät- oder post-) modernen Gesellschaft bezeichnet, die im Unterschied zu früher gar nicht mehr behaupten, das Ganze zu treffen, vielmehr einen Aspekt besonders stark markieren wollen. Bezogen auf Arbeit im Sinne des persönlichen Einsatzes dafür, etwas zu erreichen, scheint mir auch ein Aspekt besonders wichtig zu sein, und deshalb neige ich dazu, an der heutigen Gesellschaft ihren Charakter als Überforderungsgesellschaft hervorzuheben.

15 Was ist der soziale Ort von Arbeit?

Was ist heute eigentlich mit dem sozialen Ort von Arbeit, Tun, Handeln? Von einigermaßen konsistenter gesellschaftlicher Orientierung kann da längst keine Rede mehr sein. Etwa globale Flexibilitätsanforderungen und familienfreundliche Werte stehen in eklatantem Widerspruch. Die Gesellschaft klagt über ihre Kinderfeindlichkeit und funktioniert gleichzeitig so, dass ein ständig höherer Anteil jüngerer Menschen gar keine Chance hat, eine Familie zu gründen, es sei denn um den Preis beruflicher Entwicklungschancen für mindestens eine der beiden Seiten.

Die nicht ganz unbegründete frühere Vision, dass es doch mit zunehmender materieller Wohlfahrt möglich sein müsse, weniger zu arbeiten, löst sich in Verhältnisse auf, in denen ein Teil der Bevölkerung ackert wie noch nie und Workaholic sich als Krankheit ausbreitet. Es scheint fast so, als ob sich der Kapitalismus alle Mühe gäbe, den Eindruck zu zerstreuen, er sei in der Lage, die gesellschaftliche Arbeit gerecht zu verteilen.

Arbeit wird aber nicht nur mehr denn je zum Verteilungsproblem zwischen verschiedenen Menschen, auch für die einzelnen Beschäftigten verändert sich die Situation dramatisch. Der wirtschaftliche und gesellschaftliche Strukturwandel zerstört die überkommene Lebensbiographien prägende Beruflichkeit des Arbeitens. Christian Lutz betonte als Direktor des Gottlieb Duttweiler Instituts (GDI) für Trends und Zukunftsgestaltung vor einem Jahrzehnt die positive Seite dieser Prozesse: „Die Menschen sind immer weniger Rädchen in Organisationsmaschinen. Sie emanzipieren sich – den eigenen Bedürfnissen oder der Not gehorchend – von der Firma und werden selber gewissermaßen ein Unternehmen der eigenen Arbeitskraft. Sie haben das Wesentliche bei sich: ihren Kopf und ihr Beziehungsnetzwerk. Sie suchen aus ihrer persönlichen Biographie heraus einen Lebenspfad, der ihren besonderen Stärken und Vorlieben entspricht."[27]

---

[27] Lutz 1998, S. 82.

Der Druck auf neue Formen der Selbständigkeit ist im Zuge der Veränderung der Arbeitsgesellschaft unhintergehbar. Komplementär dazu beobachten wir auf der organisatorischen Ebene die zunehmende Fluidität der Unternehmensgrenzen über Prozesse des Out-Sourcing, der Netzwerkbildung und der kapitalmarktgetriebenen mergers & acquisitions.[28] Der nüchterne Blick auf die sozialen Ausprägungen dieser Veränderungen lehrt aber, nicht nur die positiven Seiten dieser Entwicklung zu sehen: auf der kognitiven wie der psychischen Ebene, in allen Dimensionen menschlichen Handelns erfordert das Lebensunternehmertum Fähigkeiten, die nicht jedem Menschen in die Wiege gelegt sind, sondern als kulturelle Kompetenzen erworben werden müssen. Das unterscheidet sich deutlich von einer eben auch zu beobachtenden neuen jobholder-Konstellation, die zu einem erneut instrumentellen Verhältnis zur eigenen Arbeit führt (die Arbeit selbst interessiert mich nicht, nur das dadurch erzielte Einkommen) und damit zu einer neuen jobholder-Mentalität statt dazu, der persönlichen Arbeit einen zukunftsfähigen Sinn zu geben.

16 Risiken der neuen Teilung der Arbeit

Die offenkundigen Probleme, Arbeit gesellschaftlich gerecht zu verteilen, haben neben der quantitativen eine erhebliche

---

[28] Die Betriebswirtschaftslehre beschäftigt sich damit seit längerem intensiv, s. z. B. Picot/ Reichwald/ Wigand 1996.

qualitative Dimension. Die „Herrschaft der Mechanisierung"[29] vermittelte noch während des 20. Jahrhunderts lange Zeit, also weit über Marxens Analyse und Kritik des Kapitalismus hinaus, den Eindruck, als könnte es zu einer sozialen Homogenisierung der abhängig beschäftigten Menschen kommen. Inzwischen stellt sich das Bild ganz anders dar.

Robert Reich, zeitweilig auch Arbeitsminister in der US-Regierung Bill Clintons, differenzierte vor einem Jahrzehnt die „Jobs der Zukunft" über die Dreiteilung in routinemäßige Produktionsdienste, kundenbezogene sowie symbolanalytische Dienste. Dabei gelangte er mit Blick auf die Globalisierung der Wirtschaft bereits zu dem Befund, dass die Reichen reicher und die Armen ärmer werden: „Das Boot mit den in der Routineproduktion tätigen Arbeitskräften sinkt rasch. Auch das zweite Boot, in dem die ‚Dienstleistenden' sitzen, ist im Sinken begriffen, wenn auch etwas langsamer und ungleichmäßig."[30]

Während des Schreibens dieser Zeilen entflammt in Deutschland eine neue Diskussion über Mindestlöhne, zu Recht: der Begriff des Prekariats hat längst die Runde gemacht und dient als Indikator dafür, dass Beschäftigung keineswegs einen ausreichenden Lebensunterhalt garantiert. Insofern bedeutet das Ende des klassischen Dualismus von Arbeit und Kapital keine Aufhebung sozialer Spaltungen und Verwerfungen, sondern im Gegenteil deren Vertiefung:

---

[29] So der Titel von Giedeon 1948.
[30] Reich 1996, S. 232 ff.

jenseits der Spaltung, dass die durchschnittlich Beschäftigten in drei Leben nicht das verdienen können, was Vorstandsvorsitzende großer Kapitalgesellschaften als Grundgehalt bekommen, die immerhin auch abhängig Beschäftigte sind, und jenseits der Spaltung in Beschäftigte und Arbeitslose beobachten wir innerhalb des Feldes der Beschäftigten selbst sich verschärfende Unterschiede.

Diese Unterschiede werden übrigens verstärkt durch die in (13) angesprochenen Unterschiede kultureller Konsummuster. Die vielen Menschen, die sich in die Fänge einer verdummenden und abstumpfenden Kulturindustrie begeben, untergraben damit erst recht ihre Voraussetzungen, den neuen Herausforderungen des Lebensunternehmertums gerecht zu werden.[31]

17 Nur neuer Geist des Kapitalismus?

Wir finden in den Gesellschaftswissenschaften nach wie vor zahlreiche Bestrebungen, die neuen Entwicklungen in das alte Kategoriensystem zu integrieren. Boltanski und Chiapello sprechen vom „neuen Geist des Kapitalismus"[32], und

---

[31] Der US-Regierungsberater Brzeszinski hat in den 90er Jahren einmal vom „tittytainment" gesprochen: via Entertainment werden diejenigen stillgehalten, die zu gesellschaftlicher Produktivität und entsprechendem Einkommen nicht mehr in der Lage sind und vom Busen der Einkommensbezieher genährt werden müssen.

[32] Boltanski/ Chiapello 2003.

Hardt und Negri perpetuieren in ihrem viel rezipierten Buch[33] über die Gegenüberstellung von Empire und Multitude ausdrücklich die alte Idee, die Gesellschaft über den antagonistischen Widerspruch von zwei Lagern beschreiben zu können. Bei aller Sympathie für Versuche, über heute immer noch bzw. neu bestehendem menschlichem Elend nicht die Augen zu verschließen, habe ich große Zweifel an dieser Methode.

Vergessen wir nicht, dass nach dem historischen Scheitern inzwischen aller Versuche von Sozialismus und Kommunismus im 20. Jahrhundert die Position, dann erst recht auf die richtige Alternative zum Kapitalismus zu orientieren, einfach zu naiv ist, um ernst genommen zu werden. Die Begrifflichkeit des Kapitalismus[34] zielt auf die Beschreibung eines Systems, von dem ein anderes grundlegend abgegrenzt werden kann und dem praktisch-normativ auch ein anderes gegenübergestellt werden soll, ähnlich die Feststellung vom unüberwindbaren Antagonismus zwischen Empire und Multitude. Natürlich macht es Sinn, vom Kapitalismus zu sprechen statt von Marktwirtschaft oder gar Industriegesellschaft[35], die Formel vom neuen Geist will freilich auf die

---

[33] Hardt/ Negri 2002.

[34] Zur Verteidigung von Karl Marx sei darauf hingewiesen, dass eine solche Konzeption für den Beginn der als Herrschaft des Kapitals bezeichneten Gesellschaft wesentlich verständlicher erscheint als für die Zeit 150 Jahre später.

[35] Ich tue dies selbst etwa bei meiner oben erwähnten Unterscheidung verschiedener Etappen des Kapitalismus.

prinzipielle Gleichartigkeit und Unveränderbarkeit der sozialökonomischen Verhältnisse hinaus. Dem sei entgegengehalten, dass wir es im 21. Jahrhundert mit prinzipiell offenen Zukünften zu tun haben schon in dem Sinne, dass die Funktionsmechanismen des Kapitalismus bzw. der Marktwirtschaft kulturell und gesellschaftlich ganz verschieden ausgefüllt werden können. Auch die Vertreiber biologisch erzeugter Lebensmittel und die Geschäftsführer von Unternehmen der Solarwirtschaft sind Kapitalisten, aber sind sie deshalb zwangsläufig Charaktermasken des Kapitals?

18 Die Mär vom Ende der Arbeitsgesellschaft

Geht der Arbeitsgesellschaft die Arbeit aus? Diese Frage bewegte vor einem Vierteljahrhundert nicht nur in Deutschland die Gemüter. Heute kommt einem die Diskussion merkwürdig fremd vor. Natürlich war die Erwerbsarbeit gemeint, aber in heutiger Sicht, wo wir nicht nur im ökologischen Feld den problematischen Charakter der exzessiven Konsummuster in unseren Gesellschaften betrachten, gewinnen wir ein neues Bild von dem, was ganz im Schumpeterschen Sinne der „schöpferischen Zerstörung" die ökonomische Maschine ständig neu antreibt.

Die Frage schien offenkundig falsch gestellt.

19 Das Problem der gesellschaftlichen In-Wert-Setzung reproduktiver Arbeit

Im Unterschied zu der Frage, ob der Arbeitsgesellschaft die Arbeit ausgeht, ist ein anderes Thema der Anfang der 80er Jahre geführten sozialwissenschaftlichen und politischen Diskussionen über Arbeit unverändert virulent geblieben: die faktische Diskriminierung aller gesellschaftlichen Arbeit, die nicht als Erwerbsarbeit auftritt. Unverändert virulent auch, dass trotz vieler Reden, schöner Worte und versuchter Ansätze die geschlechtsspezifische Arbeitsteilung weiterhin als Diskriminierung der Frauen funktioniert.

Die aktuelle deutsche Diskussion über den Ausbau von Krippenplätzen zeigt einschließlich abstruser Stellungnahmen, damit würden nicht berufstätige Mütter diskriminiert, welche Schwierigkeiten die Gesellschaft mit diesen elementaren Arbeitstätigkeiten immer noch hat. Diese Schwierigkeiten werden allerdings auch deutlich an jenen Diskussionsbeiträgen, die der Tendenz das Wort reden, elementare gesellschaftliche Aufgaben wie die Betreuung und Erziehung von Kindern in die Hände bezahlter privater Dienstleistung zu legen. Das ist, wie an konkreten Fällen studierbar, nicht nur eher Ausdruck der Kinderfeindlichkeit der Gesellschaft als deren Bekämpfung, sondern zementiert und vertieft auch die weiter bestehenden sozialen Spaltungen.

20 Das Projekt Neue Arbeit

Wie kann die Arbeit der Zukunft aussehen? Diese Frage leitet Frithjof Bergmann, der mit seinen praktischen Aktivitäten und deren Reflexion[36] zum Pionier des Bemühens um Neue Arbeit geworden ist: „Das Konzept zu Neuer Arbeit ist mit der Gründung eines ersten gleichnamigen Zentrums zu Beginn der 1980er Jahre in Flint (Michigan, USA) entstanden. General Motors entließ an diesem Standort als Folge der Automatisierung nahezu die Hälfte der Belegschaft. Es formierte sich eine Gruppe, die meinte, es gäbe bessere Lösungen als ‚halb Flint' arbeitslos zu machen. Eine davon wäre, nur die Hälfte des Jahres zu arbeiten und die andere Hälfte der Entwicklung verborgener Talente und Fähigkeiten zu widmen, die nicht nur zu erfüllenderen Tätigkeiten, sondern auch zu einem ‚substantiellen Einkommen' führen sollten."[37]

Bergmanns Ansatz sind die Schwierigkeiten der persönlichen Daseinsbewältigung, die nicht nur bei Arbeitern zum Ausdruck kommen, wenn man sie nach ihren eigentlichen Wünschen in Bezug auf Arbeit fragt: „Wenn man Menschen ganz spontan fragt, was sie wirklich und wahrhaftig möchten, dann halten die allermeisten den Atem an, schauen betroffen drein und zucken die Schultern. Nicht nur Arbeiter, sondern die meisten von uns können diese Frage nicht beantworten. Dies ist in der Tat so verbreitet, dass wir uns in

---

[36] Bergmann 2004.
[37] Paulesich 2006, S. 117.

den Gruppen für Neue Arbeit daran gewöhnt haben, dieser häufigen menschlichen Schwäche einen Namen zu geben; wir nennen sie die ‚Armut der Begierde'."[38]

Noch ist ein solcher Zugang ein kaum bearbeitetes Feld. Er scheint aber bestens geeignet, den nicht geringen Voraussetzungen, die die Fähigkeit zum Lebensunternehmertum erfordert, den Weg zu bereiten.

21   Nutzen statt Besitzen?

Gerade auch im Kontext der ökologischen Herausforderungen nachhaltiger Entwicklung wird seit Jahren über die Substitution des Besitzes materieller Güter durch Dienstleistungen diskutiert. Mit der Formulierung eines mit Niko Paech gemeinsam verfassten Textes: „In Anlehnung an die von Jantsch (1973) stammende Idee der ‚Funktionsorientierung' betonen nachhaltige Nutzungssysteme eine stärkere Orientierung an den eigentlichen Zwecken und Funktionen konsumtiver Handlungen. Schließlich sind materielle Produkte – insbesondere die Gleichsetzung von Konsum und Besitz – nur eine von mehreren Optionen, um einen bestimmten Bedarf zu befriedigen oder eine angestrebte Funktion zu erfüllen. Demnach sollten sich Konsumaktivitäten weniger auf

---

[38] Bergmann 2004, S. 134.

physische Produkte als auf Services oder den angestrebten Nutzen konzentrieren."[39]

In der Logik dieses Ansatzes versprechen Strategien der Nutzungsintensivierung und der Nutzungsdauerverlängerung weitere positive Nachhaltigkeitseffekte. Etwa für Automobile, für Waschmaschinen oder für Gartengeräte sind solche Überlegungen verschiedentlich mit der Perspektive gemeinschaftlicher Nutzung durchgespielt worden. Wenn aber etwa Car-Sharing unter dem Motto „Wem ein Auto zu viel und kein Auto zu wenig ist" beworben wird, wird deutlich, dass mit einer solchen Strategie neben dem Effekt der geteilten Nutzung auch das Risiko zusätzlicher Nutzungen verbunden sein kann. Zudem sind die technischen, organisatorischen und insofern ökonomischen Effekte keineswegs durchgehend so eindeutig positiv, wie von den Befürwortern bisweilen unterstellt.

Ein noch größeres Problem kommt hinzu: das der kulturellen Anschlussfähigkeit. Es mag theoretisch leicht fallen, sich über die Fetischisierung persönlicher Besitztümer unter heutigen gesellschaftlichen Bedingungen zu erheben, aber bereits die früheren Wohngemeinschaftserfahrungen derjenigen, die solche besten Willens gemacht haben, liefern zahllose Belege für die Schwierigkeiten, die Alternative tatsächlich zu realisieren. Umgekehrt darf die symbolische Form, die mit persönlichem Besitz verbunden ist, nicht leichtfertig denunziert werden: „Sich nicht auf andere – ganz gleich ob

---

[39] Paech/ Pfriem 2005, S. 37.

Personen, Systeme oder Institutionen – verlassen oder sich mit ihnen abstimmen zu müssen, bedeutet Unabhängigkeit und steigert mithin das Selbstwertgefühl."[40]

In dem zitierten Aufsatz haben Niko Paech und ich die Vermutung aufgestellt, die Konsumgüterrezyklierung auf Basis besitzgebundener Nutzungssysteme könne eine Erweiterung erfahren, die den beabsichtigten Nachhaltigkeitszielen entspricht. Beispiele wie eBay zeigen, dass gerade in der Verknüpfung mit dem modernen Medium Internet neue kulturelle Passungen entstehen könnten. Damit wäre gegen die Logik der Wegwerfgesellschaft unzweifelhaft eine Aufwertung der herstellenden Arbeit verbunden.

22 Aufmerksamkeit, Anerkennung und die Frage der Hegemonie

Der Begriff der Aufwertung verweist darauf, wie wir uns Gesellschaft heute angemessen vorstellen sollten: als Plattform kultureller Auseinandersetzungen über die Frage, welchen Phänomenen, Entwicklungen, symbolischen Formen welcher Wert zugewiesen werden sollte. Georg Franck hat dazu vor einigen Jahren die Kategorie einer „Ökonomie der Aufmerksamkeit"[41] vorgeschlagen. Unterschiedliche kulturelle Optionen ringen in der Gesellschaft um Aufmerksam-

---

[40] Paech/ Pfriem 2005, S. 40.
[41] Franck 1998.

keit und Anerkennung⁴² und damit bewusst oder unbewusst auch um Hegemonie.⁴³

Wohlmeinende Menschen wehren sich gegenwärtig dagegen, das Bild der heutigen Welt als „clash of civilizations" zu zeichnen. Wohlmeinend sind sie deshalb, weil sie sich einer ebenso gewalttätigen wie messianischen Politik entgegenstellen wollen, die in überholten Kategorien von Gut gegen Böse der Welt in den letzten Jahren viel Unheil gebracht hat. Unwissentlich wird damit freilich ein Klima erzeugt, es sei gut und vernünftig, von den Differenzen auf dieser Welt existierender kultureller Optionen zu abstrahieren und geradezu einseitig das Gemeinsame herauszustellen. Es ist zu wünschen, dass der Druck der gewalttätigen und messianischen Politik, die permanent den Anteil an Reparatur- und Therapiearbeit (s. Kap. 9) steigert, bald nachlässt, damit die Generierung des zukunftsfähig Neuen in der Welt durch die freundschaftliche Austragung kultureller Differenzen neue Nahrung erhält.

23 Das gesellschaftlich Imaginäre am Fall der Natur

So handfest uns Arbeit vorkommt, ist sie im ökonomischen Kontext der Gesellschaft und in der Ökonomik als der Wissenschaft, die das Ökonomische an der Gesellschaft zu fassen

---

[42] Vgl. dazu Honneth 1992.
[43] Vgl. dazu Gramsci 1967.

sucht, doch eingebunden in die symbolischen Formen, kulturellen Optionen und normativen Orientierungen, die in jeweiliger Gesellschaft belangvoll sind. Das ist so radikal zu verstehen, dass das Ökonomische als solches nichts Objektives ist, sondern etwa in der immer noch gültigen modernen Fassung von Adam Smith (1776) eine gesellschaftliche Konstruktionsleistung. Mit den Worten des Philosophen Cornelius Castoriadis sind „die ‚Ökonomie' und das ‚Ökonomische' zentrale gesellschaftliche imaginäre Bedeutungen, die sich nicht auf ‚etwas' beziehen, sondern die umgekehrt den Ausgangspunkt darstellen, von dem aus zahllose Dinge in der Gesellschaft als ‚ökonomisch' vorgestellt, reflektiert, behandelt beziehungsweise zu ‚ökonomischen' gemacht werden."[44]

Deutlich wird dies etwa daran, welche Rolle der nichtmenschlichen Natur im ökonomischen Prozess und in den Beschreibungen der ökonomischen Wissenschaft zugewiesen wird. Für das Verständnis von Arbeit ist das unmittelbar relevant, weil nicht nur bei Karl Marx Arbeit ja als (gesellschaftlicher) Stoffwechsel der Menschen mit der Natur aufgefasst ist. Im Wohlstandsmodell der modernen Ökonomie ist die Qualität von Natur keine Zielgröße, Natur vielmehr nur Ressource (und Abfalldeponie) für wirtschaftliches Wachstum und technischen Fortschritt und somit die Faktoren, die der frühmodernen Utopie zufolge zum „größtmöglichen Glück der größtmöglichen Zahl" führen sollten.

---

[44] Castoriadis 1984, S. 592.

Mit Bezug auf Max Webers Untersuchung zur Rolle des protestantischen Geistes bei der Herausbildung des Kapitalismus formulierte Eder vor inzwischen zwei Jahrzehnten: „„„Die Rationalität dieses protestantischen Geistes prägt auch die ökologische Vernunft. Was für diesen Geist zählt, ist der Nutzen, den uns die Natur bringt... Die kulturelle Bedeutung des ‚protestantischen Geistes' für das moderne Naturverhältnis wird dann besonders deutlich, wenn wir die symbolische Bedeutung zu verstehen suchen, die die Natur in anderen Gesellschaften und zu anderen Zeiten gehabt hat... Dieses utilitaristische Verhältnis zur Natur behindert heute nicht nur notwendige Veränderungen und die damit verbundenen Lernprozesse im Umgang mit Natur. Es breitet sich vielmehr weiter aus."[45]

Angesichts der Tatsache, dass sich diese Fehldeutung nichtmenschlicher Natur inzwischen unübersehbar in einem Maße rächt, dass die Lebensbedingungen der Menschen selbst dramatisch untergraben werden, hat sich in der Zeit dieser Formulierung international eine Ökologiebewegung begonnen auszubreiten, die derzeit unter dem Druck großer Gefahren und Risiken wie des globalen Klimawandels neue Kraft gewinnt und (vielleicht!) helfen kann, das von Menschenhand aufgebaute Ausmaß naturzerstörerischer Arbeit zurückzudrängen.

---

[45] Eder 1988, S. 10 f.

24 Genuss als die pazifizierte Völlerei wäre der zur Ökonomie pazifizierten Habgier vorzuziehen

Albert Hirschman hat die geistig-kulturellen Vorentwicklungen dessen, was wir heute als kapitalistische oder marktwirtschaftliche Ökonomie kennen, schon vor langer Zeit sehr präzise herausgearbeitet (Hirschman 1977). Aus einer Geschichte heraus, in der des Geldes Zins einmal der Seele Tod war (so das päpstliche Verdikt mehr als 500 Jahre nach Christus) und die „Geburt des Fegefeuers" (LeGoff 1984) nach weiteren mehr als 500 Jahren erst einen Zwischenschritt zur Legitimierung des kaufmännischen Geldverdienens bedeutete, brauchte es einen langen Prozess, die Leidenschaft (und Todsünde[46]) der Habgier zu pazifizieren und daraus das moderne ökonomische Interesse als wesentlichen gesellschaftlichen Koordinationsfaktor zu machen.

Es bedarf vielleicht noch nicht einmal überschäumender Phantasie, sich vorzustellen, wie es gekommen wäre, wenn statt der Habgier eine andere Todsünde, nämlich die Völlerei, pazifiziert worden wäre, und zwar in Richtung Genuss. Im Ernst: mit der historischen Pazifizierung der Habgier zum ökonomischen Interesse ist der Arbeit etwas grundlegend angetan worden, in der Begrifflichkeit der tiefgehenden Überlegungen von Hannah Arendt (1981) die Entwicklung des Menschen zum animal laborans, die Herausbildung der Arbeit als Mittel zu anderen Zwecken. Weniger Macht der klerikalen Ausprägungen christlicher Weltanschauung im

---

[46] Zu den Todsünden in heutiger Sicht sehr erhellend Schulze 2006.

18., 19. und über weite Strecken auch 20. Jahrhundert hätte in den Ländern, die sich gerne „westlich-abendländisch" nennen, vielleicht dazu führen können, einer anderen Option Raum zu geben, die vielleicht endlich[47] thematisiert werden kann: einem an Genuss und Glück orientierten Leben, in dem Arbeit tatsächlich zur freien Tätigkeit werden könnte. Das setzt allerdings noch gewaltige Lernprozesse voraus, von der Daseinsbewältigung zur Lebenskunst, die wir, wie Wilhelm Schmid zutreffend feststellt[48], bisher kaum gelernt haben.

25 Die Frage nach den Grenzen der wissenschaftlichen Betrachtung

Über die Kunst und die Kreativität des Handelns sind auch nach Hannah Arendt noch viele kluge Bücher geschrieben worden.[49] Hier, also bei der Frage nach den Möglichkeiten der Transformation heutiger gesellschaftlicher Arbeit und den Bedingungen dafür, stellt sich allerdings die Frage nach den Grenzen der wissenschaftlichen Betrachtung. Wir können denken und träumen, das Machen ist eine andere Dimension ...

---

[47] Endlich deshalb, weil es am Materiellen dazu längst nicht mehr scheitert.
[48] Schmid 1999.
[49] S. etwa de Certeau 1988, Joas 1996.

Literatur

Arendt, H.: Vita activa oder vom tätigen Leben, München 1981.

Becker, E./ Jahn, Th.: Soziale Ökologie – Grundzüge einer Wissenschaft von den gesellschaftlichen Naturverhältnissen, Frankfurt/M., New York 2006.

Bergmann, F.: Neue Arbeit, Neue Kultur, Freiamt 2004.

Boltanski, L./ Chiapello, E.: Der neue Geist des Kapitalismus, Konstanz 2003.

Castoriadis, C.: Gesellschaft als imaginäre Institution. Entwurf einer politischen Philosophie, Frankfurt/ M. 1984.

Clausen, L.: Produktive Arbeit, destruktive Arbeit, Berlin/ New York 1988.

De Certeau, M.: Kunst des Handelns, Berlin 1988.

Eder, K.: Die Vergesellschaftung der Natur. Studien zur sozialen Evolution der praktischen Vernunft, Frankfurt/ M. 1988.

Franck, G.: Ökonomie der Aufmerksamkeit, München 1998.

Giedeon, S.: Mechanization takes command, New York 1948.

Gramsci, A.: Philosophie der Praxis, Frankfurt/ M. 1967.

Gutenberg, E.: Betriebswirtschaftslehre als Wissenschaft, Krefeld 1957.

Gutenberg, E.: Grundlagen der Betriebswirtschaftslehre, Bd. I: Die Produktion, Heidelberg/ Berlin/ New York 1951.

Habermas, J.: Technik und Wissenschaft als ‚Ideologie', Frankfurt/ M. 1968.

Hardt, M. / Negri, A.: Empire. Die neue Weltordnung, Frankfurt/ New York 2002.

Hellmann, K. U./ Pichler, R.: Ausweitung der Markenzone. Interdisziplinäre Zugänge zur Erforschung des Markenwesens, Wiesbaden 2005.

Hirschman, A.: Leidenschaften und Interessen. Politische Begründungen des Kapitalismus vor seinem Sieg, Frankfurt/ M. 1977.

Honneth, A.: Kampf um Anerkennung. Zur moralischen Grammatik sozialer Konflikte, Frankfurt/ M. 1992.

Horkheimer, M./ Adorno, Th. W.: Dialektik der Aufklärung. Philosophische Fragmente, Frankfurt/ M. 1969, orig. 1944.

Jantsch, E.: Unternehmung und Umweltsysteme, in (Hrsg.) Hentsch, B./ Malik, F.: Systemorientiertes Management, Bern/ Stuttgart 1973, S. 27 – 46.

Joas, H.: Die Kreativität des Handelns, Frankfurt/ M. 1996.

Küpper, W./ Ortmann, G.: Mikropolitik: Rationalität, Macht und Spiele in Organisationen, Opladen 1988.

Kulmer, U./ Trebesch, K.: Der kleine Unterschied und die großen Folgen. Von der Organisationsentwicklung zum Change Management, in: OrganisationsEntwicklung 4/04, Basel 2004.

LeGoff, J.: Die Geburt des Fegefeuers, Stuttgart 1984.

Leipert, Ch.: Die heimlichen Kosten des Fortschritts, Frankfurt/ M. 1989.

Liessmann, K. P.: Theorie der Unbildung, Wien 2006.

Lutz, Ch.: Was ist ein „Lebensunternehmer" – Persönlichkeitsbilder und Schlüsselqualifikationen in der nachindustriellen Gesellschaft, in: Politische Ökologie, 16. Jg., 1998, H. 54, S. 82 ff.

Marcuse, H.: Über die philosophischen Grundlagen des wirtschaftswissenschaftlichen Arbeitsbegriffs, in (Hrsg.) ders.: Kultur und Gesellschaft 2, Frankfurt/ M. 1965, orig. 1933.

Marx, K.: Grundrisse der Kritik der Politischen Ökonomie, Berlin 1953, orig. 1858.

Mittelstraß, J. (Hrsg.): Enzyklopädie Philosophie und Wissenschaftstheorie, Stuttgart/ Weimar 2004.

Paech, N./ Pfriem, R.: Neue Nutzungsstrategien und nachhaltiges Unternehmertum, in (Hrsg.) Rabelt, V./ Bonas, I./ Buchholz, K./ Denisow, K./ Piek, M./ Scholl, G.: Strategien nachhaltiger Produktnutzung. Wirtschaftswissenschaftliche Ansätze und praktische Experimente im Dialog, München 2005.

Paulesich, R.: Neue Arbeit. Impulse für eine nachhaltige Entwicklung? In (Hrsg.) Pfriem, R./ Antes, R./ Fichter, K./ Müller, M./ Paech, N./ Seuring, St./ Siebenhüner, B.: Innovationen für eine nachhaltige Entwicklung, Wiesbaden 2006.

Pfriem, R.: Unternehmensstrategien. Ein kulturalistischer Zugang zum Strategischen Management, Marburg 2006.

Pfriem, R.: Heranführung an die Betriebswirtschaftslehre. Zweite erweiterte Auflage, Marburg 2005.

Pfriem, R.: Beratung und Gesellschaft, in (Hrsg.) Mohe, M.: Innovative Beratungskonzepte. Ansätze, Fallbeispiele, Reflexionen, Leonberg 2005a.

Pfriem, R.: Unternehmenspolitik in soziaökologischen Perspektiven, Marburg 1995.

Picot, A./ Reichwald, R./ Wigand, R.: Die grenzenlose Unternehmung. Information, Organisation und Management, Wiesbaden 1996.

Projektgruppe im WSI: Grundelemente einer Arbeitsorientierten Einzelwirtschaftslehre (WSI-Studie Nr. 23), Köln 1974.

Reich, R. B.: Die neue Weltwirtschaft. Das Ende der nationalen Ökonomie, Frankfurt/ M. 1996.

Richter, R.: Neue Institutionenökonomik. Ideen und Möglichkeiten, in: Zeitschrift für Wirtschafts- und Sozialwissenschaften, Berlin 1996, S. 323-355.

Rieger, W.: Einführung in die Privatwirtschaftslehre, Erlangen 1984, orig. 1929.

Schmalenbach, E.: Über den Weiterbau der Wirtschaftslehre der Fabriken, in: Zeitschrift für handelswissenschaftliche Forschung, Jg. 8, 1914, S. 317-323.

Schmid, W.: Philosophie der Lebenskunst, Frankfurt/ M. 1999.

Schmidt, A.: Der Begriff der Natur in der Lehre von Marx, 3. Auflage, Frankfurt 1978.

Schulze, G.: Die Sünde. Das schöne Leben und seine Feinde, München 2006.

Schumpeter, J. A.: Kapitalismus, Sozialismus und Demokratie, Tübingen 1993, orig. 1946.

Schumpeter, J.A.: Theorie der wirtschaftlichen Entwicklung. Eine Untersuchung über Unternehmergewinn, Kapital, Kredit, Zins und den Konjunkturzyklus, Berlin 1997, orig. 1911.

Smith, A.: An inquiry into the nature and causes of the wealth of nations, London 1776.

Arbeitsvermögen oder „Menschenregierung"? Der Sinn-Mythos moderner Arbeitsorganisation

Wieland Jäger

Der Titel meines Beitrags symbolisiert drei zentrale Thesen, die ich zunächst vorstellen möchte:

These Nr. 1:
Der Topos „Sinn von Arbeit" ist ein Mythos, also eine quasi-heilige, überlieferte, narrative und konzeptionelle Ordnung einer Geschichte; eine Ursprungsgeschichte.

These Nr. 2:
Diese Geschichte wird von der Mehrzahl der Arbeits- und Organisationssoziologen als Chancen- oder Risiken-Geschichte konzipiert, innerhalb jener sich das moderne Arbeitssubjekt jeweils entweder befreien kann und muss oder eine Selbstverwirklichung in der Arbeit nahezu sinnlos geworden zu sein scheint.

These Nr. 3:
Ein Mythos muss dekonstruiert werden: Chance oder Risiko suggeriert eine Wahl, die das ‚gouvernementale Subjekt' in-

nerhalb post-fordistischer Herrschaftsbeziehungen nicht hat, daher: Entkommen sinnlos!

Zu These Nr. 1:

Zu behaupten, „Sinn von Arbeit" sei als Mythos zu bezeichnen, basiert zugegeben auf einer konstruktivistischen Sichtweise. Hauptgesichtspunkt konstruktivistischer Sichtweisen ist meines Erachtens nicht etwa der allseits beschriebene Subjektivismus – im Sinne von: alles wird durch Menschen gemacht –, sondern eher die Tatsache, dass eine konstruktivistische Perspektive stets einen ordnenden Blick benötigt, wenn nicht sogar voraussetzt.

Blicke wiederum setzen das Sehen-Können von Beobachtern voraus. Das lässt wahrscheinlich schnell an Niklas Luhmann denken, für den Sinn die Einheit von Aktualität und Möglichkeit meint, die jedes System, also z. B. das Bewusstseins-System des Menschen, stets herstellen muss, um „sinnvolle", d. h. verstehbare Kommunikation zu betreiben.

Ich möchte an dieser Stelle allerdings lieber Jürgen Habermas heranziehen, der Sinn eher an umgangssprachlich verstehbare Kommunikation gebunden sieht und vor allem die Fähigkeit realer Subjekte hervorhebt, Bedeutungen zu teilen. (Ähnliches zeigt sich in Legenden: In ihnen findet man alles oder gar nichts, nichts davon wird man wörtlich nehmen können, aber alles macht Sinn.) Die Diskurstheorie von Habermas lässt uns erkennen, dass es auf eine „Vorverständigtheit" des in der Verständigung verwendeten Begriffssystems ankommt: „Vorverständigt" bedeutet für Habermas, dass das Begriffssystem der Sprache (oder der Kultur) in historisch situierten, früheren Verständigungen gebildet wird und nicht etwa, dass es „transzendental" oder sonst irgendwie metaphysisch vorausgesetzt wird. Somit interessiere ich mich mit Habermas für den – de-ontologischen – Produktionsprozess, man könnte sagen, für Produktions-Ordnung von Sinn. Und der Begriff der Ordnung führt zu einer konstruktivistischen Position, die nicht zuletzt von en-vogue-Sozialwissenschaftlern wie Michel Foucault – und welche treffendere Berufsbezeichnung als Sozialwissenschaftler könnte man für Foucault sonst finden – geprägt worden ist und (wieder) hoch im Kurs zu sein scheint: der Wissenssoziologie (zu der Habermas nebenbei auch einiges beizutragen hätte).

Das Besondere der Wissenssoziologie wiederum ist nun, dass sie nicht dem aktuellen Modethema der Arbeits- und Organisationssoziologie „Wissen" nachspürt – obwohl sie natürlich alle Mittel dazu bereithält –, sondern dass sie Wissen im Sinne von als selbstverständlich Gewusstem in einer ganz allgemeinen Weise versteht: Die Wissenssoziologie fragt nach Automatismen und Regelmäßigkeiten einer gewussten Ordnung, also nach Wissensordnungen. Beispielhaft heißt das: Wie und nach welchen Regeln kommt das zustande, was wir heute als selbstverständlich, normal, unverrückbar und unhinterfragt begreifen? Warum ist es nicht anders? Es könnte ja auch anders sein! So hat Konstruktivismus in dieser Variante auch immer etwas mit Kontingenz zu tun: Etwas kann so sein, aber auch anders.

Mythen nehmen genau diese Konnotation auf. Viele Disziplinen und Denktraditionen verwenden den Mythen-Begriff, angefangen von der Philosophie über die Religionswissenschaft, die Geschichtswissenschaft bis hin zur Psychoanalyse und zur Sozialwissenschaft. Mythen in der modernen Form von ‚sinnlich-übersinnlichen' Vorstellungen (Karl Marx) im Alltagsleben sind immer auch Gegenstand der sozialwissenschaftlichen Analyse der modernen Gesellschaften und der für diese Gesellschaften typischen Formen der Verselbständigung, d.h. der Entfernung eines ‚Entsprungenen' von einem ‚Ursprünglichen' bis zur Nicht-Mehr-Wiedererkennbarkeit. Wenn Karl Marx im ‚Kapital' vom ‚Fetischcharakter der Ware' spricht oder wenn Roland Barthes die Premiere eines Automobilmodells als Beleg für eine als ‚Mythen des Alltags' bezeichnete Verirrung oder Verkehrung ausweist, müssen wir uns mit dem Mythos auch in theorieverstehender und theoriekritischer Weise auseinandersetzen. Auf die vielfältigen und detaillierten Unterschiede der Definitionen im wissenschaftlichen Gebrauch kann hier nicht eingegangen werden, eher soll hier das Gemeinsame des Mythen-Konzepts nutzbar gemacht werden:

Ein Mythos ist eine quasi-heilige, überlieferte, narrative und konzeptionelle Ordnung einer Geschichte; eine Ursprungsgeschichte. Einen Mythos nachzuvollziehen bedeutet, auf nahezu ethnomethodologische Weise, also gemäß des Alltagsverständnisses der Handelnden – in unserem Falle besser: der wissenden – Akteure anzusetzen. Und für Arbeits- und Organisationssoziologen ist über „Sinn von Arbeit" nachzudenken und zu schreiben Arbeitsalltag.

Dem Mythos „Sinn von Arbeit" nachzuspüren bedeutet also für mich, da ich Sinn nicht direkt erfahren oder anfassen kann, ihn quasi mit konstruktivistisch-hermeneutischer Distanz zu ergründen, ihn aber dennoch als Realphänomen zu begreifen, in etwa analog der Frage: Was tun Menschen – in unserem Fall zumeist Wissenschaftler – dann, wenn sie vom „Sinn der Arbeit" reden? Selbstverständlich dürfen Sozialwissenschaftler es nicht bei steifer Begriffshuberei belassen: Das, was Gesellschaft ausmacht, sind aggregierte Handlungs-, Wissens- und Praxisordnungen bzw. -formen. Talcott Parsons hatte diesen Sachverhalt in die (im Grunde tautologische) Frage gekleidet: Wie ist gesellschaftliche Ordnung möglich?

Dem Mythos „Sinn von Arbeit" auf den Grund zu gehen, bedeutet so zudem, nach strukturbildenden Effekten zu forschen, die derartige Mythen hervorbringen, im Prinzip also nach Anschluss-Mythen, nach Anschluss-Ordnungen zu suchen.

Dadurch wird auch direkt ein Begleitphänomen einer derartigen Forschung deutlich: Nach dem Sinn von Arbeit zu fragen und dieses auf ein Heute zu beziehen, oder besser: auf ein bis heute, heißt immer, sich der Historizität seiner wissenschaftlichen Erkenntnisse bewusst zu sein: Gesellschaftliche Strukturiertheit ist stets Ausdruck historischer Prozesse. Mythen als Ursprungsgeschichten zu konzipieren, hat somit auch mit der Schwierigkeit zu kämpfen, zwar einen Ursprung einer Geschichte zu kennen zu glauben und die seltsame Legitimation dieses Ursprunges bis heute zu behaupten, dennoch muss man auch jedem Mythos seine Veränderungsfähigkeit anerkennen; die Konturierungen durch die Zeit sind wichtig nachzuzeichnen, um überhaupt so etwas wie einen Ursprung ausmachen zu können.

Eines darf allerdings nicht aus dem Blick geraten: Alle Wissensordnungen stellen Ordnungen dar, mit Hilfe derer andere Wissenschaftler ihr Wissen zu strukturieren und zu konturieren versucht haben und es sind Ordnungen, die ihrerseits wieder neue Ordnungen hervorbringen – und zwar nicht nur Wissensordnungen, sondern auch Praxisformen und wahrscheinlich sogar materielle Ordnungen. Also, bei allem Anspruch an Objektivität und Repräsentativität, sie bleiben stets ideologisch, subjektiv und vor allem: konstruiert.

So kann man uns Sozialwissenschaftler gerne Beobachter nennen, die andere Beobachter beobachten. Und was genau können wir nun sehen? Sicherlich keine Nominaldefinition dessen, was denn „Sinn von Arbeit" sei. Vielmehr sehen wir, was diejenigen tun, die von „Sinn von Arbeit" sprechen – sie schaffen Wissensordnungen. Das führt uns zu These Nr. 2.

Zu These Nr. 2:

Diese noch einmal zur Wiederholung: *Die Geschichte vom „Sinn der Arbeit" wird von der Mehrheit der Arbeits- und Organisationssoziologen als Chancen- oder Risiken-Geschichte konzipiert, innerhalb jener sich das moderne Arbeitssubjekt jeweils entweder befreien kann und muss oder eine Selbstverwirklichung in der Arbeit nahezu sinnlos geworden zu sein scheint.*

Das sind die zwei Pole eines Referenzrahmens, die im Kern eine befreiende Individualisierung menschlicher Arbeit auf der einen und Steuerung von Individuen in der Arbeit auf der anderen Seite darstellen. Wie der Titel meines Vortrages bereits andeutet, möchte ich den ersten Diskursstrang mit Arbeitsvermögen kennzeichnen:

Dieser ursprünglich auf Marx zurückgehende Begriff ist für den Wahl-Londoner direkt mit dem Sinn-Begriff verbunden: „Der Mensch ist nicht Sinnempfänger, sondern Sinngeber. Darin wird seine Würde gesehen." formulierte Marx bereits.

Beschränken wir uns auf die Debatte um Arbeitsvermögen als Sinnquelle seit Marx – was trotzdem noch eine gehörige Menge an Literatur darstellt, welche komplett auch nur zu nennen hier unmöglich ist –, dann möchte ich vor allem in der arbeits- und organisationssoziologischen Diskussion seit zirka den 1980-er Jahren aus einigen zentralen, grundlegenden und häufig wiederkehrenden Ansätzen das herauszudestillieren versuchen, was direkte oder indirekte Anschlüsse zu der uns hier interessierenden, so möchte ich sie mal nennen, „Sinn-Frage" zulässt.

Gerade Foucault würde gefallen, dass ich diese Ansätze als „Wissensordnungen", als „gewusste Konzepte" entzaubere, die ich wiederum in – ganz modern – Chancen- und Risiko-Konzepte unterteile. Zunächst also zu drei Chancen-Konzepten:

Chancen-Konzept Nr. 1:
Sinn durch neue Arbeitsorganisation: Reprofessionalisierung, Ganzheitlichkeit und Gruppenarbeit

Ende der 1970er Jahre gibt es erste Bemühungen der Industrie, die Unzulänglichkeiten einer tayloristischen Organisationsgestaltung mit einem neuen arbeitspolitischen Ansatz zu überwinden. In diesem Zusammenhang sprechen die Arbeits- und Industriesoziologen Horst Kern und Michael Schumann Mitte der 1980er Jahre von „Neuen Produktionskonzepten". Mit dieser Begrifflichkeit bezeichneten die Autoren den Versuch, auf dem shop floor Arbeitsteilung zurückzunehmen und insbesondere die ‚Führung' und ‚Steuerung' von Anlagen mit ihrer ‚Betreuung' und ‚Wartung', als einheitliche Aufgabe zu bündeln. Dieser Arbeitseinsatz ermöglichte nicht nur eine bessere Beherrschung der Produktionstechnik, auch die Wirtschaftlichkeit nahm zu. Die „Neuen Produktionskonzepte" lösten in Bezug auf den Sinn von Arbeit aus heutiger Sicht durchaus einen Paradigmenwechsel aus: Sie konstatierten eine grundlegend gewandelte Rationalisierungssituation aufgrund des Vordringens der Mikroelektronik in der Fertigung. Automation, als Massenproduktion in Großbetrieben in den 1950er Jahren begonnen, wird flexibler und genereller einsetzbar. Die „Neuen Produktionskonzepte" lösen aber auch Veränderungen innerhalb der starren tayloristischen Trennung in die klassischen Funktionsbereiche von Produktion und Fertigung, Instandhaltung und Qualitätskontrolle und nicht zuletzt auch in der generell praktizierten Trennung von dispositiven und ausführenden Tätigkeiten aus.

Nicht nur Bereiche der Technik, auch die ‚Organisationsphilosophie' soll modernisiert werden und damit erfährt der seitens der Organisation 'ausgegebene' Sinn der Arbeit einen Wandel, so dass man von einem Trend weg von hochgradiger Arbeitsteilung und Spezialisierung hin zu einer Integration und „Ganzheitlichkeit" in den Arbeitsabläufen sprechen kann. Dies kommt auch darin zum Ausdruck, dass dezentrale, eher autonome Produktionszentren gebildet werden, in denen integrierte Teams arbeiten sollen, die die Verantwortung für die Verfügbarkeit von Maschinen oder einer Produktionslinie übernehmen.

Als besonders sinnstiftend wird allseits der positive Effekt auf die sozialen und beruflichen Kompetenzen der Arbeitnehmer hervorgehoben. Und Gruppenbildung, gruppendynamisches Training, Abbau von verkrusteten Hierarchien, stärkerer Blick auf die Qualifizierung der Arbeiter – manifestiert durch „mehr Facharbeiter in der Produktion" –

wie das damalige Schlagwort lautete –, die Entkopplung des Arbeitstaktes vom Fließband und nicht zuletzt der breitere Zuschnitt der Arbeitsplätze können durchaus als wichtige Sinn-Impulse bezeichnet werden.

Die „neuen Produktionskonzepte" sind deshalb ein Chancen-Konzept, da das Arbeitsvermögen der Arbeitssubjekte, so betonen die Autoren sinngemäß, durch den „ganzheitlichen" Aufgabenzuschnitt eben jene Chancen beinhalte, Qualifikationen und fachliche Souveränität als Produktivkräfte zu nutzen. Analog zur damaligen Formel der „Reprofessionalisierung der Industriearbeit" kann in unserem Zusammenhang durchaus von der „Reprofessionalisierung des Arbeitsvermögens" durch eine grundlegend gewandelte Arbeitsorganisation gesprochen werden.

In den „neuen Produktionskonzepten" wird ebenfalls in den 80-er Jahren – erste Anfänge gab es bereits in den 70-er Jahren – ein Konzept forciert, welches bis dahin vermeintlich „sinnentleerende" Assoziationen wie Fließband-Stress, Einsamkeit, Desintegration, Unsicherheitszonen u. ä. überwinden helfen soll: Das Konzept der Gruppenarbeit.

In der wissenschaftlichen Diskussion stellen teilautonome Arbeitsgruppen (TAG) – so die durchgesetzte Bezeichnung – ein Konzept dar, das vornehmlich unter humanen Aspekten wie der Erweiterung des Handlungs- und Entscheidungsspielraums, der personellen Flexibilität, Selbstregulation, Kooperation und Kommunikation, Qualifizierung sowie Motivation und Selbstbestimmung (soziale Ziele der Unternehmen) als sozialverträglich und positiv bewertet wird. Unter Leistungsgesichtspunkten sollen durch die Gruppenarbeit Mitarbeiterpotentiale besser genutzt und durch die interne Gruppensteuerung und -kontrolle Ressourcen in der Arbeitsgruppe effektiver ausgeschöpft werden. Die Autoren Zimolong und Windel beispielsweise heben hervor, dass die Gruppenmitarbeiter die soziale Struktur am Arbeitsplatz, die Bedeutung der Aufgabe und die Anwendbarkeit der eigenen Qualifikationen besser einschätzten als ihre Kollegen an Einzelarbeitsplätzen. Würden Einzelarbeiten z. B. am Fließband – so die Autoren weiter – meistens in Form kritischer Beurteilungswerte, wie z. B. Ermüdung, Monotonie, Sättigung und Stress, gemessen, so zeige sich nach Einführung von teilautonomen Arbeitsgruppen, dass die Mitarbeiter ihre Aufgaben als durchschaubarer und als weniger restriktiv charakterisierten, des Weiteren begrüßten sie erhöhte Denk- und Lernanforderungen, die an sie gestellt würden.

Chancen-Konzept Nr. 2:
"Normative Subjektivierung von Arbeit" und "Subjektivierendes Arbeitshandeln" als ‚brachliegende' Sinnquellen des Arbeitsvermögens

Das 2. Chancen-Konzept bündelt zusammengefasst Ansätze, die die Ansprüche der Beschäftigten selbst thematisieren. Baethge bspw. ist der Auffassung, dass es in hochentwickelten Arbeitsgesellschaften zu einer zunehmenden normativen

Subjektivierung des unmittelbaren Arbeitsprozesses komme: Gemeint ist damit, dass nicht etwa eine gezielte Anpassung der Organisation von Erwerbsarbeit an die subjektiven Bedürfnisse der Beschäftigten seitens des betrieblichen Managements stattfindet. Vielmehr geht es darum, dass die Ansprüche der Beschäftigen selbst, die diese an Erwerbsarbeit haben, von den Arbeitnehmern zunehmend in die Arbeit eingebracht werden. ‚Normativ' soll in diesem Zusammenhang im Sinne der Geltendmachung persönlicher Ansprüche, Vorstellungen und Forderungen in der Arbeit – im Gegensatz zu solchen, die sich aus dem funktionalen Interesse des Arbeitsprozesses speisen – verstanden werden.

Nimmt man nun als Beispiel den Typus des Facharbeiters – etwa gemäß der „neuen Produktionskonzepte" Kerns und Schumanns –, dann heißt das: Dieser Typus entwickele Stolz und Selbstbewusstsein aus der Tatsache heraus, einen komplexen Produktionsprozess zu beherrschen. Des Weiteren ist Baethges Konzept zu entnehmen, dass darauf gefragte Facharbeiter ausführten, ihre Arbeit mache ihnen Spaß, es sei ihre Arbeit im Sinne selbstverantwortlichen Handelns und diese diene der Entfaltung eigener Qualifikationen und der Kompetenzerweiterung. Den Arbeitern sei wichtig, dass sie einen Expertenstatus erlangt und sich ‚einen Namen' gemacht hätten und ‚keine Nummer' seien.

Beathge macht im Weiteren deutlich, dass sich die Geltendmachung subjektiver Bedürfnisse in der Arbeit nicht nur auf Facharbeiter beschränke: auch im Angestellten-Bereich seien derartige Tendenzen feststellbar. Gerade die Angestellten in den Dienstleistungsberufen seien diejenigen, welche die in der vorberuflichen Sozialisation angeeigneten intellektuellen und kommunikativen Fähigkeiten nun in der Arbeit in kooperativen Vollzügen anwenden wollten, zudem sachlich nicht begründete Autoritätsverhältnisse ablehnten, des weiteren die Arbeit auch als Gelegenheit ansähen, sich weiterzuentwickeln und ein Gefühl der Kompetenz und Unabhängigkeit zu gewinnen; zugleich kalkulierten sie sehr genau, wieweit sie sich auf die Arbeit einließen: sie wollten sich von der Arbeit nicht auffressen lassen, da das Bedürfnis nach einem befriedigenden Privatleben bestehe.

Als Ursachen einer zunehmenden Subjektivierung der Arbeit sieht der Autor folgende drei strukturelle Momente:

- Den Strukturwandel der Beschäftigung in seiner doppelten Ausprägung als Tendenz zu Dienstleistungstätigkeiten und zur zunehmenden Wissens- und Qualifikationsabhängigkeit moderner Produktions- und Dienstleistungsarbeit;
- den Wandel der Rationalisierungs- und Organisationskonzepte in der Arbeit selbst, der auf eine Zurücknahme von rigider Arbeitsteiligkeit und auf komplexe Tätigkeitszuschnitte zum Inhalt hat;
- schließlich die zunehmende Erwerbsbeteiligung der Frauen.

Einen besonderen Fokus auf die eingebrachte Normativität der Arbeitenden richten auch Böhle und Schulze (1997).

Sie weisen in ihrer Darstellung des „subjektivierenden Arbeitshandelns" darauf hin, dass die Umbrüche in der Arbeitsorganisation in Bezug auf die veränderten Arbeitsanforderungen zwei grundsätzliche Charakteristika herausbildeten: die Ausweitung von Arbeitsinhalten und die Stärkung der Eigenverantwortung. Beim subjektivierenden Handeln geht es nicht nur darum, dass der Arbeitende als Subjekt bzw. so genannte subjektive Faktoren wie Gefühl, Empfinden und Erleben berücksichtigt werden, entscheidend ist vielmehr, dass der Subjektivität ein fundamental anderer Stellenwert beigemessen wird.

Pfeiffer (1999) beschreibt vier Aspekte, die für das Konzept des subjektivierenden Arbeitshandelns als prägend gelten können:

- Eine komplexe sinnliche Wahrnehmung und imaginative Vorstellungen (schließt Bewegungen des Körpers ein; sinnliche Abstraktion und Strukturierung; etc.);
- assoziatives und intuitives Wissen, Denken und Gefühl (gleichsam gegenstands- und prozessbezogen wie verhaltens- und erlebnisbezogen; emphatisch; etc.);
- eine dialogisch-interaktive Vorgehensweise (Einheit von Planung und Ausführung; explorativ; laufende Anpassung an jeweils erreichtes Arbeitsergebnis; etc.) und
- eine persönliche Beziehung zu technischen Objekten, Produkt und Prozess (Beziehung zu technischen Anlagen und Systemen; Fähigkeit zum Einfühlen und Nachvoll-

ziehen technischer Abläufe; Umwelt existiert nicht unabhängig vom Subjekt)

Als Beispiel führt Pfeiffer für den Bereich der Produktionsarbeit AnlagenfahrerInnen aus, die sich zwar auf dem Fundament ihres (unverzichtbaren) Fachwissens bewegten, jedoch erst durch die subjektivierenden Anteile in ihrem Arbeitshandeln in die Lage versetzt worden seien, sich in den beiden gegensätzlich miteinander verbundenen Triaden von Automatisierung, Planbarkeit und Objektivierbarkeit („objektivierendes Arbeitshandeln") sowie auf der anderen Seite nicht-erfassbare Komplexität, Nicht-Beschreibbarkeit und Unwägbarkeit („subjektivierendes Arbeitshandeln") derart souverän zu bewegen, dass ein Funktionieren der technischen Anlagen ohne Störfall oder größere Störungen gewährleistet werden könne.

Selbst in Teilen der Dienstleistungsarbeit, wo ausschließlich der Umgang mit abstrakten Informationen gefordert wird, wie etwa dem Informations-Broking, geht es offenbar darum, bei Anfragen ‚zwischen den Zeilen' zu lesen und das Abstrakte mit real konkreten Vorstellungen bis hin zu bildhaften, erlebnis- und sinnesbezogenen Repräsentationen ständig aufs Neue zu vermitteln und einen ‚Spürsinn' bei der Suche von Informationen zu entwickeln.

In neueren Arbeiten (etwa 2004) kennzeichnet Pfeiffer die „brachliegende" Sinnquelle des subjektivierenden Arbeitshandelns als „Arbeitsvermögen": Damit meint sie die im Subjekt zur Form gekommene lebendige Arbeit und das dort wohnende lebendige Arbeitswissen – somit rückt bewusst gemachtes Potential einer Körperlichkeit bzw. Leiblichkeit als Modus der Sinnstiftung in den Blick, was die Chancen-Semantik dieses Konzepts verdeutlicht.

Chancen-Konzept Nr. 3:
„Sinnlich-erfahrungsbasiertes Lernen" und „subjektive Innovationspotentiale"

Lernen in/von Organisationen folgt zu großen Teilen einem ökonomistisch verengten Rationalitäts- und Effizienzdenken. Klassisch eingeführt wurde diese behavioristisch motivierte Grundannahme, Lernen als situationsoptimierende Verhaltens- bzw. Entscheidungsänderung – als eine Art Erfahrungslernen – zu charakterisieren, Ende der 1970-er Jahre von March und Olsen. Die beiden Autoren entwickelten ein Modell, welches in vier Phasen verläuft:

In Phase 1 werden die Präferenzen der Organisationsmitglieder zugrundegelegt, die es ermöglichen, Diskrepanzen zu unerwünschten Umweltzuständen auszumachen und deren Abänderung zu initiieren. Die Arbeitssubjekte sind also grundsätzlich in der Lage, Problemlösungen zu formulieren und an Entscheidungsprozessen teilzunehmen. In der 2. Phase werden dann Entscheidungen getroffen, es wird gehandelt. In der 3. Phase wirkt die Organisation mit Hilfe der getroffenen Entscheidungen auf die Umwelt ein, die dann ihrerseits wieder in geänderter Weise reagiert. Die

4. Phase bezieht sich dann auf die Perzeption und Interpretation der Umweltreaktionen durch die Individuen der Organisation – damit schließt sich der Kreis, ein neuer Lernzyklus wird in Gang gesetzt. Dieses Lernkonzept – bezieht man ihn auf den Sinn von Arbeit – begreift subjektive Lerneffekte als Chance, Handlungen in und von Organisationen zu verbessern bzw. zu optimieren.

Ein weiteres, in heutiger Organisationstheorie favorisiertes Paradigma ist ein eher kognitivistisches. Kognitivistische Lerntheorien konzipieren Lernen als Erwerb und Weiterentwicklung von kognitiven Strukturen. Lernen ist konzeptionell nicht mehr länger an Versuch und Irrtum gebunden, sondern Einsichtsprozesse werden ebenso einbezogen wie das Lernen am Modell. Die Organisationsmitglieder entwickeln kognitive Muster und Karten, die eine Verbindung zwischen Stimuli und Handlungen herstellen. Diese Kognitionen bilden sich im Zuge von Erfahrungen, Einsichten, Verknüpfungen mit bestehenden Kognitionen usw. Diese mentalen Muster oder Schemata stellen Strukturierungshilfen dar, indem sie Ereignisse verstehbar machen – „Sensemaking", wie Weick es nennt –, Zusammenhänge herstellen oder Wissen speichern helfen. Vor allem Argyris und Schön wenden sich der Frage nach der möglichen Verknüpfung verschiedener Kognitionsmuster zu, wenn sie drei Lernebenen klassifizieren:

- Anpassungslernen (single-loop learning/Ein-Schleifen-Lernen), ‚doing the things right': Es konzipiert eine Anpassung durch Fehlerkorrektur;
- Veränderung des Reaktionsrepertoirs (double-loop learning/ Zwei-Schleifen-Lernen), ‚doing the right things': Hier wird auf eine Optimierung der zugrunde liegenden Rahmenbedingungen gezielt;
- Das Lernen erlernen (deutero learning): Die Optimierung der traditionellen Lernstrategien wird angestrebt. Diese Lernform sei diejenige, die es im organisationalen Lernen zu erreichen gelte.

Das moderne Arbeitssubjekt benötigt ständige Lernbereitschaft und Lernfähigkeit, um vor allem heutigen Forderungen aus Personal- und Organisationsentwicklung nachzukommen. Das lernende Organisationssubjekt wird einerseits permanent seiner Lernergebnisse enteignet, andererseits nutzen Unternehmen vielfach gerade die Kehrseite der Medaille und machen „einen Schuh daraus": Besonders wird hervorgehoben, dass doch Lernen innerhalb des Arbeitsalltags in Organisationen auch Forschritte für die jeweiligen lernenden Subjekte darstellten, denn sie seien ja stets auch Mensch in der Arbeit, soll heißen: Kann der Arbeitende sich doch freuen, wenn er im Betrieb etwas lernen „musste", was er privat auch gebrauchen „darf".

Neben „Lernen" steht ein weiterer Begriff zunehmend auf der „Chancen-Agenda" moderner Arbeitsorganisation: Innovation.

Baethge/Baethge-Kinsky fragen, inwieweit der Wandel von Produktion und Arbeitsorganisation seit ca. Ende der 1980-er Jahre etwas darüber aussagen kann, was die Autoren den „Innovationsmodus" nennen. Unter Innovation verstehen sie zunächst sehr allgemein die Gesamtheit von betrieblichen Aktivitäten, die zur Optimierung oder Erneuerung von Produkten und Prozessen im Interesse der Verbesserung der Absatzchancen getätigt werden: sie reichen von einfachen Rationalisierungs- oder (Produkt-)Verbesserungsvorschlägen bis zur Einführung völlig neuer Produkte oder Verfahren. Die Autoren unterscheiden im Weiteren zwischen expliziter Innovation – diese meint seitens des Managements intendierte Maßnahmen – und impliziter Innovation: Hier sind dagegen unentdeckte innovationsrelevante Handlungen und Organisationsformen gemeint, die sich in allgemeinen Verhaltensmustern und eingeschliffenen informellen Kommunikationsweisen manifestieren.

Leitende These der Autoren ist nun, dass wie auch immer geartete Produktionsmodelle oder -formen durch institutionalisierte Organisations-, Kommunikations- und Verhaltensstrukturen definiert sind. Diese Strukturen weisen über das jeweilige Produktionsmodell hinaus und setzen Bedingungen für Veränderungen und Innovationen, z. B. etablierten Formen der Arbeitsteilung und der Kooperation, Muster der Personalstrukturierung und -entwicklung oder eingeschliffene Denktraditionen von Management und Mitarbeitern.

Analog betritt das von mir beforschte Leitbild ‚Lean' (Lean production; Lean Management) die Bühne der Diskussion – und die der Arbeitsorganisation – zu einer Zeit, in der sich die Erkenntnis durchgesetzt hat, eine technische Innovation sei nicht länger ohne zeitgleiche organisatorische und personelle Neuerungen effizient zu gestalten.

Der Wandel von Arbeitsorganisation, der mit einem bestimmten Maß an Innovation einhergeht, kann sich sinnrelevant auf drei wesentlichen Ebenen betrieblicher Organisation vollziehen:

Stichwort *Kompetenzmodell*: es gibt Auskunft darüber, welche Beschäftigungsgruppen welche Funktionen wahrzunehmen haben und welche Qualifikationen für die Ausübung unterschiedlicher Funktionen im Regelfall vorausgesetzt werden. Die Mitarbeiter erfahren ihren Arbeitssinn auf der Grundlage ihrer spezifischen qualifikatorischen Ressourcen (Wissen, Erfahrung), die sie in die betrieblichen Innovationsprozesse involvieren;

Stichwort *Kooperationsmodell*: hier stehen die betrieblich institutionalisierten Regeln und eingeschliffenen Gewohnheiten der Alltagskommunikation, also die Festlegung, wer mit wem in welcher Weise zu kooperieren hat, im Fokus. Als sinn-konstitutiv erweist sich hier, dass Über- und Unterordnungsverhältnisse reduziert werden. An deren Stelle tritt nun im Rahmen innovationszentrierter Produktion ein Konzept aufgabenbezogener horizontaler Kooperationsverhältnisse.

Stichwort *Statusmodell* drückt als abgestuftes System von Privilegien und Belohnungen (Einkommen, Aufstieg) aus, welche betriebliche Wertschätzung welche Tätigkeiten bzw. Tätigkeitsgruppen erfahren. Hier erschließt sich Sinn in der Arbeit dadurch, dass durch die funktionale Abweichung der traditionellen beruflichen Demarkations- und Statuslinien für einzelne Beschäftigungsgruppen berufliche und betriebliche Entfaltungschancen eingeräumt werden, die jedem Mitarbeiter die „Unsinnigkeit" konservativer Hierarchien spüren lässt.

Jetzt möchte ich mich den von mir so genannten Risiko-Konzepten, die sich mit dem Sinn moderner Arbeit befassen, zuwenden; es sollen wieder drei sein:

Risiko-Konzept Nr. 1:
Vom hybriden Sinn: Wenn Arbeit und Leben verschmelzen

Die Formen, in denen Arbeitskraft von Erwerbstätigen angeboten und von Betrieben genutzt wird, verändern sich zweifellos. Mit der These vom Arbeitskraftunternehmer als neuem Leittypus von Erwerbsarbeit gehen Voß und Pongratz (1998) davon aus, dass Erwerbstätige zunehmend unternehmerisch mit ihrer eigenen Arbeitskraft umgehen müssen. Sie entsprechen damit Forderungen der Betriebe nach mehr Eigenverantwortung und Selbstorganisation in der täglichen Arbeit. Statt auf Anweisung reagierende Arbeit-Nehmer suchen Betriebe zunehmend selbständig agierende

Auftrag-Nehmer, die bereit sind, sich bei jeder Aufgabe von neuem zu beweisen. Wie es zu diesen Veränderungen kommen konnte, versuchen die Autoren mit Hilfe der Beschreibung verschiedener historischer Phasen darzustellen:

1. Phase:
Der proletarisierte Lohnarbeiter der Frühindustrialisierung

In der ersten Phase des modernen Kapitalismus dominierte bekannterweise eine sehr restriktive Form der damals systematisch zur Ware auf Arbeitsmärkten gewordenen Arbeitskraft. Es wurden primär aus feudalen Strukturen freigesetzte, bäuerlich-handwerkliche Arbeitskräfte mit geringer Qualifikation für die ersten industriellen Produktionsformen genutzt. Ihre Arbeitsfähigkeit war noch wirklich roh. Vor allem die Fähigkeit zur disziplinierten Integration in großbetriebliche Arbeitsverhältnisse war (wie oft gezeigt) sehr begrenzt. Betriebe mussten entsprechend mit sehr rigiden Formen der Kontrolle eine kontinuierliche Arbeitskraftnutzung regelrecht erzwingen. Arbeitskräfte waren dabei im engeren Sinne jene oft zitierte „Reservearmee" von „proletarisierten" Lohnabhängigen. Deren Leben war durch eine höchst unsichere, diskontinuierliche Veräußerung ihrer Arbeitsfähigkeiten geprägt, neben der nur noch eine sehr reduzierte tagtägliche Erholung möglich war.

2. Phase:
Der verberuflichte Arbeitnehmer des Fordismus

Fortgeschrittene Phasen basierten dagegen auf einer neuen Form von Arbeitskraft – eine Arbeitskraft, die durch systematische Bildung eine erhöhte und weitgehend standardisierte Fachqualifikation besitzt. Diese als ‚Beruf' zu bezeichnende Form von Arbeitsvermögen und ihrer Vermarktung schließt basale extrafunktionale Fähigkeiten ein, insbesondere die berühmten sekundären Arbeitstugenden (Fleiß, Ordnung, Pünktlichkeit). Betrieblich ist hier eine repressive Kontrolle nicht mehr erforderlich. Es wird primär eine strukturelle (d. h. nicht mehr allein personelle) Personalsteuerung eingesetzt. Zunehmend kann dabei auf eine partielle innere Disziplinierung der Arbeitskräfte vertraut werden, die dann durch psychosoziale Führungstechniken unterstützt werden kann. Hintergrund ist aber auch eine ausgebaute soziale Absicherung, steigende Löhne bei sinkenden Arbeitszeiten sowie nicht zuletzt eine Arbeitsteilung der Geschlechter, die Frauen dominant darauf verweist, den Männern in Haushalt und Familie ‚den Rücken frei zu halten'. Dadurch wird eine erweiterte Form von Lebensführung möglich, die durch eine konsumorientierte ‚Freizeit' im modernen Sinne und durch die bei uns gewohnte Form des Zusammenlebens, die bürgerliche Familie, geprägt wird.

3. Phase:
Der verbetrieblichte Arbeitskraftunternehmer des Postfordismus

Dieses bis heute dominierende berufliche Modell von Arbeitskraft könnte nun zunehmend durch das neue Modell des Arbeitskraftunternehmers verdrängt werden. Dabei geht insbesondere die zentrale betriebliche Funktion der Transformation von Arbeitsfähigkeit immer mehr auf die Betroffenen selber über. Aus betrieblicher Kontrolle wird nun zunehmend individuelle Selbst-Kontrolle. Die im beruflichen Modell nur marginale Fähigkeit zur Selbstdisziplinierung und Selbstintegration in den Betrieb wird dabei zur zentralen Anforderung und Kompetenz. Fachliche Fähigkeiten sind weiterhin wichtig, aber neue Fähigkeiten (wie die zur aktiven Produktion und Vermarktung der eigenen Arbeitskraft und zur Verbetrieblichung des Lebens) treten in den Vordergrund.

Diese Beschreibung der These, dass sich ein ‚Arbeitskraftunternehmer' als neue Grundform der Ware Arbeitskraft konstituiere, leiten Voß und Pongratz aus folgenden Beobachtungen ab: In weiten Teilen der Produktions- und Dienstleistungsarbeit kann ein Wandel weg von durchstrukturierten Arbeitsvorgaben und hin zu temporären, marktförmigen Auftragsbeziehungen, etwa beim ‚Outsourcing' von Aufgaben oder in der Neustrukturierung der innerbetrieblichen Kooperation (z. B. Einführung von Gruppenarbeit, Projektorganisation oder Telearbeit) ausgemacht werden. Die bereits angedeutete spezifische Qualität des Arbeitskraftunternehmers als neuem Typus von Arbeitskraft lässt sich idealtypisch mit drei Thesen genauer ausführen:

(1) Selbst-Kontrolle: Verausgabung der Arbeitskraft bedeutet beim Arbeitskraftunternehmer vor allem aktive Selbststeuerung, Planung und Überwachung der eigenen Tätigkeit im Sinne der Unternehmenserfordernisse bei nur noch rudimentären Handlungsvorgaben (z. B. Flexibilisierung von Arbeitszeiten, Erwartungen an verstärkte Eigenmotivation). Die neue Devise der Betriebe im Umgang mit Erwerbstätigen heißt: „Wie Sie die Arbeit machen, ist uns egal – Hauptsache das Ergebnis stimmt!" Betriebliche Fremdkontrolle (z. B. durch Vorgesetzte) wird immer mehr durch Selbst-Kontrolle der Arbeitenden ersetzt – und ist meist begleitet von massiven Steigerungen des Leistungsdrucks und von neuartigen Strategien indirekter betrieblicher Steuerung.

(2) Selbst-Ökonomisierung: Dabei verändert sich das Verhältnis zur eigenen Arbeitskraft als Ware: Aus einem nur gelegentlich und eher passiv auf dem Arbeitsmarkt agierenden Arbeitskraftbesitzer wird zunehmend ein strategischer ‚Vermarkter eigener Fähigkeiten'. Die entsprechende betriebliche Devise könnte lauten: „Sie bleiben nur so lange, wie Sie nachweisen und sicherstellen, dass Sie gebraucht werden und Profit erwirtschaften!" Dies bedeutet in zweifacher Hinsicht eine neue Qualität der Ökonomisierung von Arbeitskraft: Zum einen muss das Arbeitsvermögen effizienzorientiert entwickelt werden, zum anderen ist es kontinuierlich mit aufwendigem Selbst-Marketing anzubieten und zu verkaufen.

(3) Selbst-Rationalisierung: Schließlich wird eine aktiv auf den Erwerb ausgerichtete, alle individuellen Ressourcen gezielt nutzende systematische Durchgestaltung des gesamten Lebenszusammenhangs erforderlich. Und auch hier gilt dann eine neue Devise: „Wir brauchen Sie voll und ganz und zu jeder Zeit – und dazu müssen Sie Ihr Leben voll im Griff haben!" Letztlich tun Arbeitskräfte damit nichts anderes als die Anbieter von anderen Waren, wenn diese die Herstellung und Vermarktung ihrer Produkte von einer eher unorganisierten Form in eine gezielte Koordination überführen: Gewissermaßen muss nun das eigene Leben als „Betrieb" (so könnte man mit Marx und Weber sagen) organisiert werden.

In Bezug auf die Folgen der „Entgrenzungen" der Nutzung von Arbeitskraft und die damit verbundenen Sinnfragen moderner Arbeitssubjekte, die mit dem Typus des Arbeitskraftunternehmers verbunden sind, können folgende – jeweils mit einem Risiko-Bias verhaftete – Schlussfolgerungen gezogen werden:

(1) Die verstärkte Selbst-Kontrolle der Arbeitenden – als erstes Merkmal – führt zu einer neuen Qualität von über Selbst-Beherrschung vermittelter betrieblicher Herrschaft. In typischen Reorganisationsprozessen werden zwar innerbetriebliche Herrschaftsstrukturen (z. B. Hierarchieebenen) abgebaut, das Herrschaftsverhältnis selbst aber bleibt unangetastet. Indem der Arbeitskraftunternehmer nun weitgehend betriebliche Kontroll- und Führungsfunktionen in Bezug auf seine eigene Arbeit übernimmt, installiert er auf neuer Stufe einen Herrschaftszusammenhang in sich selbst: Mehr als an-

dere Arbeitskrafttypen hat er zu lernen, im Sinne des über ihn verfügenden Unternehmens zu denken und zu handeln. Herrschaft durch Selbst-Beherrschung ist besonders wirkungsvoll, weil sie äußere Abhängigkeiten verschleiert und innere Zwänge intensiviert.

(2) Mit der erweiterten Selbst-Ökonomisierung von Arbeitskraft – als zweitem Merkmal – verbindet sich ein Bedeutungs- und Sinnverlust institutionalisierter Strukturen der Arbeitsverhältnisse. Der Warencharakter von Arbeitskraft kommt wieder unmittelbarer und entgrenzter, da von einengenden Regulierungen befreit, zur Geltung. Mit der Vermarktlichung von Arbeitsbeziehungen wird zunehmend individuell über wechselnde Arbeitsaufträge statt kollektiv über dauerhafte Arbeitsbedingungen verhandelt. Die Betriebe stärken damit ihre Macht als Marktmacht gegenüber den vereinzelt als Anbieter von Arbeitskraft auftretenden Arbeitskraftunternehmern.

(3) Neue Arbeitsformen zeichnen sich durch einen Abbau charakteristischer Grenzziehungen zwischen Arbeit und Privatleben aus – besonders ausgeprägt z. B. bei Telearbeitern oder Selbständigen. Im Rahmen einer Verbetrieblichung von Lebensführung wird potentiell der gesamte Lebenszusammenhang der Arbeitskraft für die betriebliche Nutzung zugänglich gemacht – Die 'Sphären' Arbeit und Leben verschmelzen.

Risiko-Konzept Nr. 2:
Der „unbehauste Sinn": Identitätsverlust im Posttaylorismus

Identität möchte ich hier zunächst verstehen als eine Antwort auf die Frage „Wer bin ich?" und somit als eine Fähigkeit der Arbeitssubjekte eines ‚Zu-Sich-Selbst-Verhalten-Könnens' verstanden werden. Keupp bspw. ist der Auffassung, dass Hineinwachsen in diese Gesellschaft bis in die Gegenwart bedeute, sich in einem vorgegebenen „Identitätsgehäuse" der Moderne einzurichten – dieses Gehäuse sei geprägt durch Begriffe, die Biographie und Identität, wenn sie als geglückt betrachtet werden sollten, als etwas Stabiles, Dauerhaftes und Unverrückbares darstellten – so könnte man Identität als das ständige ‚Sich-Selbst-Gleich-Bleiben', als einen subjektiven Konstruktionsprozess bezeichnen, in dem Individuen eine Passung von innerer und äußerer Welt suchen.

Keupps zentrale These ist nun, dass dieses moderne Identitätsgehäuse seine Passformen für unsere Lebensbewältigung zunehmend verliere. Viele Menschen erlebten dies als Verlust, als „Unbehaustheit", als Unübersichtlichkeit, als Orientierungslosigkeit und Diffusität. Daraus resultiere der Wunsch vieler Menschen nach Klarheit, Überschaubarkeit und Einfachheit. So ist es Keupp wichtig, darauf hinzuweisen, dass sich mit der Erosion rigider Identitätsformen auch Entfaltungsmöglichkeiten für Lebenssouveränität eröffnen, sich allerdings auch neue Rigiditäten und Identitätszwänge ergeben: Die Befreiung von Zwängen und die Einrichtung neuer Abhängigkeiten – so bemerkt Ulrich Beck 1994 – greifen ineinander, vermischen sich zu einem Selbstzwang zur Standardisierung der eignen Existenz.

Nun konnte als das Besondere des Identitätskonzepts der Moderne angenommen werden, dass Identität über Krisen hinweg die individuelle Handlungsfähigkeit auf Basis interaktiv erworbenen biographischen Wissens erhalten hat. Identität in der Arbeit und durch die Arbeit – gleichsam eine Art Synonym für den Sinn von Arbeit – konnte als Resultat der Auseinandersetzung mit gesellschaftlichen Institutionen verstanden werden, die in ihrem kulturellen und sozialen Kontext subjektiv erfahren, interpretiert und in ein umfassendes Selbst- und Lebenskonzept übersetzt wurden. In postfordistischen Arbeitsorganisationen kann die Auseinandersetzung zwischen den äußeren Anforderungen und den individuellen Vorstellungen über das eigene Leben und die eigene Persönlichkeit – in und außerhalb der Arbeit und das auch noch parallel – zu Identitätskonflikten oder auch zum Zerbrechen bisheriger Identitäten führen. Und: Das Selbstbewusstsein des Arbeitssubjekts, also das Bewusstsein über seine Identität, über seinen Sinn in der Welt, ist immer an eine Anerkennung, d. h. eine Interaktion mit einem Publikum, gebunden. Paradoxerweise bildet sich also die Autonomie der Akteure nur im Rahmen des kommunikativen Handelns mit anderen heraus. Ich-Identität kommt erst zum Vorschein, wenn das Subjekt mit seinen Wünschen, Ansprüchen, Dienstleistungen und Erzählungen usw. von einem Auditorium anerkannt wird.

Holtgrewe hilft uns dabei, durch die Perspektive ‚Identität durch Anerkennung' zu verstehen, wie Arbeitende durch Organisationen und Arbeitsverhältnisse adressiert und positioniert werden. Die Kategorie der Anerkennungsverhältnisse ist deshalb von zentraler Bedeutung, weil es sich bei ihnen um die kulturell stabilisierten und häufig institutionalisierten Formen der Wertschätzung handelt, die Subjekten, Kollektiven, Werten und Lebensstilen entgegenzubringen erwartet wird. Daher entwerfen Subjekte ihre Identität in Auseinandersetzung mit den Anerkennungsverhältnissen und Anerkennungsverhältnisse prägen die Entwicklung von Identitäten.

Wenn also Arbeitsidentität in postmodernen Zeiten zunehmend 'auf Risiko gestrickt' erscheint, bedarf die Arbeitssoziologie zunehmend einer identitätstheoretischen Perspektive. Damit nun kommt die Anerkennung als eine wesentliche Kategorie ins Spiel. Sie ist, einer langen sozialtheoretischen und sozialpsychologischen Tradition entsprechend, Voraussetzung der Identitätsbildung. Bereits Adam Smith hat den Zusammenhang von Fremd- und Selbstbewertung hervorgehoben. Bei Mead wird das dialektische Wechselspiel von Perspektivenübernahme in der sozialen Identität des „Me" und der kreativen Reaktion der Ich-Identität des „I" grundlegend. Kognitive sind hier eng mit normativ-evaluativen Dimensionen verwoben: Nicht nur, was und wie ich bin, entwickle ich in der Auseinandersetzung mit dem Blick der Anderen, sondern auch wie ich mich bewerte bestimmt sich in der Auseinandersetzung mit der Bewertung durch Andere. Anerkennung als Interaktionsform, so könnte man formulieren, ist also eine passive und eine aktive Sinn-Konstituente.

Wenn Arbeit identitätsrelevant ist und wenn Anerkennung identitätsrelevant ist, dann ist auch Anerkennung wesentlich für die Arbeit in Organisationen. Arbeit ist in bestimmter Weise normativ oder rechtlich reguliert und hieraus resultieren Belohnungen, Sicherungen oder Delegitimierungen und Negativsanktionen. In diesem Sinne sind etwa professionelle Standards und Regulierungen oder Tarifverträge Institutionalisierungen von Anerkennungsverhältnissen. Indem etwa Arbeitende sich organisieren, ihre eigene Arbeits- oder Belegschaftskultur schaffen, stellen sie eine eigene Anerkennungsarena her, die neue Identitäten stützen kann und um deren gesellschaftliche Anerkennung gerungen wird. Anerkennung zeichnet sich zudem durch eine grundlegende Ambivalenz aus: Sie hat sowohl eine verbindende wie eine kompetitive Dimension. Sie bezieht sich einerseits auf geteilte Werte, andererseits auf Überlegenheit und Macht. Anerkennung erfährt, wer den Erwartungen und Werten entspricht, aber auch wer sich als überlegen, mächtig und besonders erfolgreich erweist.

Und wenn wie ausgeführt Arbeitsidentitäten brüchig werden, verändert sich auch der tiefere Sinn von Arbeitssubjektivität: Subjektivität lebte in den ‚verborgenen Situationen' der fordistischer Organisationen, in den informellen Aushandlungen gegenseitiger Rücksichtnahme von Meister und Arbeiter, aber auch in den kreativ-spielerischen Umdeutungen der Arbeitssituation. Anerkennung wurde in Rituale und Regulierungen der Würdigung gegossen: Jubiläen, Betriebsausflüge, betriebliche und staatliche Sozialpolitik usw. Und diese Rituale und Regulierungen wurden kollektiv gesichert, ohne dass die tayloristische Missachtungslogik selbst damit angegriffen wurde.

Die tayloristische Anerkennungsform lässt sich gemäß Holtgrewe/Voswinkel in drei Kategorien unterteilen:

- die Missachtung durch Entsubjektivierung in der Arbeit,
- die Würdigung der Arbeit als Beitrag zwischen Fürsorge und Betriebsbürgerschaft und
- das Pflichtethos der Arbeit.

Wie verändern sich nun die Anerkennungsverhältnisse in Arbeitsorganisationen des Posttaylorismus bei Unterstellung zunehmender Risikostrukturen? Was ist, wenn Selbstbestimmung zur betrieblichen Anforderung wird, Kreativität zur Norm, wenn Eigensinn gewünscht und eingeplant ist, der Unternehmer im eigenen Kopf oder, noch schlimmer, Bauch sitzt? In der doppelten Subjektivierung von Arbeit sind Anerkennungsansprüche und Zumutungen fast untrennbar ineinander verwickelt. Selbstbestimmung kann gegenüber restriktiven Arbeitsverhältnissen sowohl eingeklagt werden als auch, wenn sich die Subjekte solche Situationen nach dem Motto „selbst schuld" zurechnen, in einen paralysierenden Verzicht auf eigene Ansprüche münden. Und weiter ist zu fragen: Was bedeutet diese doppelte Subjektivierung von Arbeit – als Anspruch und Anforderung – für die Anerkennungsform? Impliziert sie das Ende des Bedürfnisses nach Anerkennung in der Arbeit, weil der Mensch, der nach Selbstverwirklichung in der Arbeit als Sinnform strebt, intrinsisch motiviert ist und keiner extrinsischen, außengeleiteten Motivation durch Anerkennung bedarf? Das sind Fragen, die aus heutiger Sicht noch vieler empirischer Forschungen bedürfen.

Doch lassen Sie mich den Anforderungs-Topos noch etwas spezifizieren und gleichsam zuspitzen: Das Stichwort lautet: Kontrolle. Das führt mich zum 3. Risiko-Konzept.

Risiko-Konzept Nr. 3:
„Sinnvoller" Wechsel: Vom Disziplinar- zum Kontrollsubjekt

Moldaschl fragt 2002: „Wie werden Subjekte in postfordistischen Arbeitsverhältnissen genutzt, und welche Subjektivität wird durch Praktiken organisationaler Subjektivierung produziert?" Bevor allerdings diese zeitgemäße Frage beantwortet werden kann, muss gefragt werden, wie denn eigentlich die historisch-kulturelle Entwicklung nutzbarer Arbeitssubjektivität aussieht: Seit mindestens feudalen Zeiten kennen wir eine Disziplinierung des Arbeitssubjekts. Charakteristisch für die Disziplinierung ist, dass kleinste individualisierte Einheiten überwacht werden (sich also niemand in einer Gruppe verstecken kann), sie in erster Linie auf Körper zugreift und jeder Einzelne durch ein Sich-Halten-Müssen an als ‚normal' geltende Standards zur Konformität gezwungen wird. Und um diese Konformität zu ‚überprüfen', wird die Kontrolle eingeführt, z. B. durch den ‚zwingenden Blick' des Aufsehers in Zuchthäusern. Somit setzt sich durch die Ablösung des Feudalismus durch den Industriekapitalismus eine neue Machtform durch: die Disziplinarmacht. Das Neue an ihr ist: Macht ist in jedem Einzelnen individualisiert. Sven Opitz (2004) macht allerdings deutlich, dass moderne Arbeitsorganisationen eher den ‚Stempel' Kontroll- denn Disziplinargesellschaft verdienten: Disziplin hatte sich bereits vor Beginn der Moderne zu etablieren begonnen. Doch damalige Disziplinar- und Sanktionsmodi der Internierung können in fordistischen oder gar post-fordistischen Organisationen nicht mehr als Mittel der Ausschließung der sich ‚abnorm' verhaltenden arbeitenden Subjekte funktionieren. Jetzt wird es möglich, „Kontrolltechniken" in modernen Arbeitsorganisationen zu identifizieren, z. B. Praktiken der Personalauswahl und Prüfung, Assesment Center, die Karrieresysteme, die Institution der Mitarbeitergespräche, das Instrument der Zielvereinbarungen oder die individualisierte Gratifizierung.

Aus Sicht unternehmerischer Rationalität hat also ein „sinnvoller Wechsel" von der Disziplinierung zur Kontrolle von Arbeitssubjektivität stattgefunden: Postfordistischer ökonomischer Produktions- und Dienstleistungsarbeit ist permanente unmittelbar Kontrolle und unmittelbare Kommunikation immanent.

Nun zu *These Nr. 3*, die ich zunächst auch noch einmal wiederholen möchte:

Ein Mythos muss dekonstruiert werden: Chance oder Risiko suggeriert eine Wahl, die das 'gouvernementale Subjekt' innerhalb postfordistischer Herrschaftsbeziehungen nicht hat, daher: Entkommen sinnlos!

Die beiden Hauptlinien des Diskurses, die ich Ihnen vor allem in These Nr. 2 dargestellt habe, kennzeichnen, so kann man jetzt sagen, einen geteilten Mythos; einen, der Sinn von Arbeit entweder als Chancen- oder als Risiko-Struktur konstruiert. Auch wenn einige Autoren anstelle des Entweder-Oder durchaus ein Sowohl-Als-Auch konzedieren – in etwa gemäß der Analyse: „Ja, obwohl postmoderner Arbeitssinn risikoreicher und unbestimmter geworden ist, so lassen sich aber auch neue Möglichkeitsräume ausmachen" –, so vermag es kaum jemand, aus diesem Dualismus auszubrechen. So ist es längst Zeit zur Dekonstruktion.

Der Begriff Dekonstruktion, selbst ein Hybrid aus den binären Oppositionen Konstruktion und Destruktion, gilt als wichtigstes Element des Poststrukturalismus. Geprägt wurde er von dem französischen Philosophen Jacques Derrida und impliziert, dass die hierarchischen Oppositionen des westlichen metaphysischen Denkens, das Derrida als Logozentrismus bezeichnet, Konstruktionen oder ideologische Auflagen sind, die auf binären Oppositionen sowie auf einem externen Referenzpunkt, einer Präsenz wie Gott,

Wahrheit, Ursprung, Ursache, Transzendenz oder einem Zentrum beruhen, wobei all' diese Begriffe lediglich Metaphern füreinander ohne eigentlichen Inhalt sind, weil das transzendentale Signifikat, auf das diese Signifikanten jeweils verweisen, nicht darstellbar ist. Mit anderen Worten: Eine Dekonstruktion zielt in jedem Falle darauf ab, dasjenige sichtbar werden und zu Wort kommen zu lassen, was im überlieferten Diskurs – soll heißen: dem Sinnmythos moderner Arbeitssubjektivität – keinen Ausdruck zu finden vermochte: Die Dekonstruktion will das westliche metaphysische Denken unterminieren, indem sie in einer Doppelstrategie dessen innere Widersprüche aufzeigt. Diese Strategie besteht darin, dass in einem ersten Schritt die Hierarchie der klassischen philosophischen Gegensätze umgekehrt wird.

Der zweite Schritt besteht darin, das System hierdurch generell in Frage zu stellen: Die Dekonstruktion muss, so können wir mit Derrida formulieren, durch eine doppelten Geste, eine doppelte Schreibweise, eine Umkehrung des klassischen Gegensatzes und eine generelle Deplatzierung des Systems praktizieren. Der Praktiker der Dekonstruktion arbeitet innerhalb eines Begriffssystems, aber in der Absicht, es aufzubrechen.

Nun müssen wir an dieser Stelle der Fairness halber wiederholen, dass ja die eine Seite unseres Dualismus 'Arbeitsvermögen – Menschenregierung', nämlich 'Menschenregierung' selbst von einem Dekonstruktivisten per excellence stammt: Vom eingangs bereits erwähnten Michel Foucault. (Definition: „Unter Regierung verstehe ich die Gesamtheit der Institutionen und Praktiken, mittels derer man Menschen lenkt, von der Verwaltung bis zur Erziehung"; „Regieren heißt: das Feld eventuellen Handelns des anderen strukturieren")

Foucaults Regierungskonzept bricht mit unseren konservativen, einseitigen Vorstellungen von Regieren als macht- und kraftvolle Tätigkeit: Zunächst ist vorauszuschicken, dass Macht für Foucault nicht als Eigentum, sondern als Strategie aufgefasst wird, dass ihre Herrschaftswirkungen nicht einer ‚Aneignung' zugeschrieben werden, sondern Dispositionen, Manövern, Techniken und Funktionsweisen. In diesem Sinne moderne subjektivierende Arbeitsverhältnisse als Machtverhältnisse in Foucault'scher Lesart zu charakterisieren bedeutet nun, sich von gängigen Vorstellungen, z. B. Macht als Repression, als Herrschaft durch Gewalt oder Ideologie, zu trennen. Macht stellt für Foucault eher etwas Strukturelles dar – in etwa anzuschließen an den ursprünglichen Herrschaftsbegriff selbst, der von Max Weber stammt und Herrschaft als institutionalisierte Macht kennzeichnet. Die Erscheinungsformen dieser strukturellen Macht können in unterschiedlichen Verhältnissen (z. B. Arbeitsverhältnissen) beobachtet werden. Um strukturierte Machtverhältnisse zu beschreiben, benutzt Foucault auch eher den Begriff Gouvernementalität. Dieser Begriff meint eine Art und Weise des Führens und Geführtwerdens – als Form, nicht als Substanz gemeint! –, deren verschiedene Modi er gleichsam kontinuumsartig beinhaltet: Einerseits die Fremdführung von Regierungen, Konzernstrategien, Medien o. ä., aber auch die von Vorgesetzten in Betrieben, andererseits die ‚Selbstführung' in Form von Machtwirkungen der neuen ‚Imperative' post-fordistischer Arbeitswirklichkeit, z. B. Flexibilisierung, Selbstökonomisierung, Vermarktlichung, Ergebnisorientierung, Eigenverantwortung oder lebenslanges Lernen etc., die sich ja sowohl in obigen Chancen- und Risiko-Konzeptionen wiederfinden. Hierfür entwickelt Foucault den Begriff der Selbsttechniken bzw. Selbsttechnologien.

In Bezug auf den zweigeteilten Sinn-Mythos modernen Arbeitssinns wird nun deutlich, dass Foucault über typische, übliche Macht-Dualismen (Arbeit – Kapital; Überordnung – Unterordnung; Anweisen – Befolgen) hinausgeht. Macht ist immanent und durchzieht alle Lebensbereiche. Macht ist für Foucault nicht statisch, daher macht es auch keinen Sinn, ‚Machtblöcke' (z. B. „der Staat" oder „der Chef" o. ä.) zu identifizieren. Macht ist relational, daher sollte auf der Risiko-Seite besser von ‚Machtverhältnissen' gesprochen werden. Analoges gilt auch für die Chancen-Seite: Das Subjekt hat nicht einfach bloß anthropologisches Grundwissen bzw. Grundfähigkeiten, die es lediglich zu aktivieren bräuchte, um den 'wahren' Sinn in der Arbeit zu erfahren, um frei oder gar glücklich zu sein. Wird nun Foucaults diskurstheoretische Perspektive auf – so könnte man formulieren – das gouvernementale Arbeitssubjekt gerichtet, muss schnell klar werden, dass Foucault nicht irgendwelche objektiven Bedingungen, z. B. Marx´sche Produktionsverhältnisse, zum Ausgangspunkt nimmt und aus ihnen Machtverhältnisse ableitet. Wenn es also für ihn keine objektivierenden Kräfte der

Vergesellschaftung – etwa den Weberschen Typ der Rationalisierung – gibt und somit auch kein Objektivierungsmodus, der einfach (kausal) Subjektivierung erzeugt, muss an dieser Stelle mit Foucault die Aufmerksamkeit auf die Praktiken, die Techniken der Subjektivierung innerhalb der Arbeit gerichtet werden. Im Foucault'schen Verständnis sind damit allerdings nicht jene Techniken gemeint, die Subjekte ‚einsetzen' oder ‚anwenden', um sich den wechselnden gesellschaftlichen Anforderungen und Normen anzupassen, vielmehr kann auf dieser begrifflichen Grundlage umgekehrt das Subjekt als eine historisch situierbare Technologie des Selbst betrachtet werden.

An dieser Stelle können wir uns nun also mit Foucault noch einmal der These Nr. 3 zuwenden: Arbeitsvermögen allein als ressourcen-induzierte Selbstverwirklichung einerseits zu betrachten oder Menschenregierung allein als repressionsartige Machtausübung bezogen auf Machtunterworfene andererseits zu verengen, wird moderner, konstruktivistisch-geerdeter und gleichsam poststrukturalistisch-vorgehender Sozialwissenschaft nicht gerecht:

Erstens legt die Perspektive der Gouvernmentalität eine Umkehrung der ‚klassischen' Untersuchungsrichtung nahe. ‚Herrschaft' bezeichnet innerhalb dieser Konzeption weniger die Quelle von Ausbeutung und Unterwerfung, sondern verweist im Gegenteil auf Effekte von Führungspraktiken – Selbst- und Fremdführungstechniken –, die Machtbeziehungen in einer Weise systematisieren und stabilisieren, dass sie schließlich die Form von Herrschaftszuständen annehmen und somit – logischerweise – ein Entkommen des Subjekts aus diesem Verhältnis unmöglich machen. *Zweitens* wird durch die Perspektive der Gouvernmentalität möglich, ein neues Verhältnis von Macht und Subjektivität zu denken: eines, dass weniger durch Repression und den Dualismus von Macht auf der einen und Machtunterworfenheit auf der anderen Seite ausgeht; eines, dass weniger Machtlosigkeit lediglich in Marginalisierung und Ausschluss, in Nicht-Handeln und Nicht-Entscheidung, sondern auch in der Förderung von Strukturierung von Handlungsoptionen und Subjektivierungsformen begreift, die sozialen Machtverhältnissen immanent sind (und das ist etwas völlig anderes, als von Chancen zu reden).

Drittens kann festgehalten werden, dass moderne Arbeitsorganisation als Ganzes ein historisch spezifisches Machtverhältnis konstituiert, das sich durch eine Machtausübung auszeichnet, die quer zur staatlich-juridischen und ökonomischen Machtausübung liegt. Auf dieser Basis kann Organisation (als Modus, nicht als Entität!) mit Foucault als eine historisch geronnene Regierungsweise, ja Menschenregierungsweise, bezeichnet werden.

So weit, so gut? Da nun Sozialwissenschaften keine reine Variablen-Soziologie sind, aber dennoch nach Zusammenhängen zwischen „Untersuchungseinheiten" suchen müssen, lassen Sie mich abschließend die drei hier vorgestellten Thesen in eben einen solchen – „sinnvollen" – Zusammenhang bringen:

Den Mythos vom „Sinn der Arbeit" zu rekonstruieren, setzt zunächst an einem der Wesensgehalte eines jeden soziologisch gefassten Mythos an, nämlich der In-Rechnung-Stellung seiner Historizität. Der Sinn in der Arbeit bzw. der Sinn von Arbeit in modernen Arbeitsorganisationen war seit dem Einsatz flächendeckender Mikroelektronik und den damit verbundenen „Neuen Produktionskonzepten" durch verschiedene, wellenförmig stärkere oder schwächere Konnotationen gekennzeichnet – hießen sie „Ganzheitlichkeit", Reprofessionalisierung, Subjektivierung, Innovation, Lernen oder Arbeitsvermögen im Rahmen von Chancen-Konzepten, oder hießen sie Arbeitskraftunternehmertum, Identitäts- und Anerkennungsverlust oder Kontrolldispositiv im Rahmen von Risiko-Konzepten. Diese dualistische Struktur kann als Wissensordnung verstanden werden, die einerseits gewussten Ordnungen anderer Wissenschaftler folgt und dadurch automatisch bestimmte Diskurse inkludiert, andere selbstverständlich exkludiert.

Anderseits kann und muss diese Wissensordnung auch als konstruierte Ordnung des Referenten verstanden werden; ein Umstand, der natürlich der Kontingenz unterliegt; m. a. W.: andere Ordnungen, andere Sortierungen, andere ‚Schubkästen' anderer Wissenschaftler könnten anders aussehen. Allerdings handelt es sich bei der Chancen- und Risiko-Semantik auch nicht um eine rein erfundene: Ob explizit oder implizit werden derartige Meta-Typisierungen stets in den Diskursen mittransportiert, wenn nicht sogar genau darauf zugeschnitten bzw. pointiert. Da nun Wissenschaftler die

Pflicht zur Kennung und Anerkennung des bisher zu einem Thema erfolgten Diskurses als Teil ihres Berufsethos begreifen, ist auch deshalb die Wissensordnung vom Sinn der Arbeit ein Mythos: eine quasi-heilige Ursprungsgeschichte, die in Bezug auf moderne Arbeitsorganisation ihren Referenzpunkt dort erhält, wo die Debatte ihren vermeintlich schärfsten Punkt erreicht hatte (wie gesagt laut nach meiner Auffassung Mitte der 1980-er Jahren mit der Kern/Schumann-Studie). Und was einem heilig ist, tastet man gewöhnlich nur selten bzw. schwerfällig bzw. in der Not an.

Wenn ich nun eingangs von der Notwendigkeit sprach, strukturbildende Effekte bzw. Anschluss-Mythen von Mythen auszumachen, könnte ich jetzt formulieren:

Nach dem Sinn von Arbeit zu fragen, hat nicht nur einen positivierenden „Arbeitsvermögen"- bzw. einen negativierenden „Menschenregierungs"-Blickwinkel produziert, sondern der Anschluss-Mythos ist ebenfalls bereits auf der Spur: Poststrukturalistische Soziologie dekonstruiert und dreht Frage- bzw. Beziehungsrichtungen um.

Der neue Mythos könnte im Zuge dieser „gouvernemental studies" anstatt „Sinn von Arbeit" – der in der Moderne in der Illusion vom mythologisierten, frei denkenden und planenden Subjekt besteht, das aber nirgends erkennbar ist – eher „Menschenregierungskünste" (Weißkopf in Anspielung auf Foucault) heißen, womit die umgekehrte, besser: reziproke Fragerichtung eines dekonstruierten Mythos angezeigt wäre: Ein in modernen Arbeitsorganisationen eingebundenes Subjekt kehrt zu seinen (Sprach-)Wurzeln zurück, gleichsam Unterworfenes und Zugrundeliegendes zu sein: Einerseits einem Dispositiv unterworfen zu sein, dass Herrschaft als institutionalisierte Macht bereits historisch-geronnen in es eingeschrieben hat; anderseits der modernen Beschreibung von Arbeitssinn stets vorauszugehen, ohne sich seiner gesellschaftlichen Konstruiertheit bewusst werden zu können. An dieser Stelle können vielleicht Foucault und Habermas mit geballter Kraft einen kollektiven Appell starten, der alle Arbeitenden – also auch uns Wissenschaftler, die wir übrigens auch in Arbeitsorganisationen tätig sind – nun angesichts dieser „Gefangenheit" – oder besser: Beschränktheit? – in sich selbst trotzdem nicht verzagen lässt:

Zunächst Foucault. Er mahnt zur Kritikfähigkeit bzw. zum 'Wille zur Kritik' als der „Kunst, nicht dermaßen regiert zu werden" (also, wie wir jetzt wissen: auch nicht durch bzw. von sich selbst).

Dann Habermas. Er würde so formulieren: Auch wenn ein Entkommen aus gouvernementalen Arbeitszusammenhängen sinnlos erscheint, so ist dennoch geboten, dass moderne Subjekte innerhalb und außerhalb der Konzeptualisierung von Arbeitssinn sich eine Art kommunikatives Handeln zu ermöglichen versuchen, wie es für die Wahrnehmung gesamtgesellschaftlicher Relevanzen und Maßstäbe nötig ist.

Und ich füge abschließend hinzu: Das ist kein anspruchsloses Unterfangen!

Literatur

Altmann, N. et al.: Ein „Neuer Rationalisierungstyp" – neue Anforderungen an die Industriesoziologie. In: Soziale Welt, 37, 1986, S. 189 – 208.

Argyris, C. / Schön, D.: Organization Learning. A Theory of Action Perspective. Reading, MA 1978.

Baethge, M. / Baethge-Kinsky, V.: Der implizite Innovationsmodus. Zum Zusammenhang von betrieblicher Arbeitsorganisation, human resource development und Innovation. In: Lehner, F. et al. (Hrsg.): Beschäftigung durch Innovation, München/Mering 1998b, S. 99 – 153.

Barthes, R.: Mythen des Alltags. Frankfurt/ Main 1964.

Beck, U. / Beck-Gernsheim, E.: Individualisierung in modernen Gesellschaften – Perspektiven und Kontroversen einer subjektorientierten Soziologie. In: Dies. (Hrsg.): Riskante Freiheiten, Frankfurt/Main, 1994.

Böhle, F. / Schulze, H.: Subjektivierendes Arbeitshandeln. Zur Überwindung einer gespaltenen Subjektivität. In: Schachtner, C. (Hrsg.): Technik und Subjektivität. Das Verhältnis zwischen Mensch und Computer aus interdisziplinärer Sicht. Frankfurt am Main 1997, S. 26 – 46.

Brede, K.: Individuum und Arbeit. Ebenen ihrer Vergesellschaftung. Frankfurt und New York 1986.

Bruch, M. / Türk, K.: Organisation als Regierungsdispositiv der modernen Gesellschaft. In: Jäger, W. / Schimank, U.

(Hrsg.): Organisationsgesellschaft. Facetten und Perspektiven. Wiesbaden 2005, S. 89 – 123.

Conze, W.: Arbeit. In: Brunner, O. et al. (Hrsg.): Geschichtliche Grundbegriffe. Historisches Lexikon zur politisch-sozialen Sprache, Bd. 1., Stuttgart 1972, S. 154 – 215.

Derrida, J.: Die Schrift und die Differenz. Frankfurt am Main 1976.

Foerster, H. v.: Sicht und Einsicht. Versuche zu einer operativen Erkenntnistheorie. Braunschweig/Wiesbaden 1985.

Foucault, M.: Was ist Kritik? Berlin 1992.

Foucault, M.: Überwachen und Strafen. Die Geburt des Gefängnisses. Frankfurt am Main 1981.

Foucault, M.: Dispositive der Macht. Berlin 1978.

Foucault, M.: Die Ordnung des Diskurses. München 1977.

Foucault, M.: Archäologie des Wissens. Frankfurt am Main 1973.

Foucault, M.: Der Mensch ist ein Erfahrungstier. Gespräch mit Bruno Trombadori. Frankfurt am Main 1996.

Foucault, M.: Das Subjekt und die Macht. Frankfurt am Main 1994.

Gerst, D.: Industrielle Gruppenarbeit und der Leittypus des Arbeitskraftunternehmers. In: Pongratz, H. J. / Voss, G. G. (Hrsg.): Typisch Arbeitskraftunternehmer? Befunde der empirischen Arbeitsforschung. Berlin 2004, S. 187 – 208.

Habermas, J.: Theorie des kommunikativen Handelns, 2 Bde., Frankfurt am Main 1981.

Hawthorn, J.: Grundbegriffe moderner Literaturtheorie. Tübingen und Basel 1994.

Holtgrewe, U. (Hrsg.): Anerkennung und Arbeit. Konstanz 2000.

Jäger, W. / Weinzierl, U.: Moderne soziologische Theorien und sozialer Wandel, Wiesbaden 2007.

Jäger, W. / Schimank, U. (Hgs.): Organisationsgesellschaft. Facetten und Perspektiven. Wiesbaden 2005.

Jäger, W.: 15 Jahre ‚Lean-Projekt' – Eine Zwischenbilanz zum Strukturwandel der Industriearbeit in Deutschland. In: Gesellschaft der Freunde der FernUniversität (Hrsg.): Jahrbuch 2004. Hagen 2005.

Jäger, W. / Baltes-Schmitt, M.: Jürgen Habermas. Einführung in die Theorie der Gesellschaft. Wiesbaden 2003.

Jäger, W. / Meyer, H.: Sozialer Wandel in soziologischen Theorien der Gegenwart. Wiesbaden 2003.

Jäger, W.: Reorganisation der Arbeit. Ein Überblick zu aktuellen Entwicklungen. Opladen und Wiesbaden 1999.

Kern, H. / Schumann, M.: Das Ende der Arbeitsteilung? Rationalisierung in der industriellen Produktion: Bestandsaufnahme, Trendbestimmung. München 1984.

Keupp, H.: Identitäten im gesellschaftlichen Umbruch. In: Psychotherapeuten FORUM 1/2000, S. 5 – 12.

Keupp, H. / Hohl, J. (Hg.): Subjektdiskurse im gesellschaftlichen Wandel. Bielefeld 2006.

Kleiner, M. S. (Hrsg.): Michel Foucault. Eine Einführung in sein Denken. Frankfurt am Main 2001.

Knorr-Cetina, K.: Spielarten des Konstruktivismus. Einige Notizen und Anmerkungen. In: Soziale Welt 40, S. 86 – 96.

Lemke, T.: Max Weber, Norbert Elias und Michel Foucault über Macht und Subjektivierung. In: Berliner Journal für Soziologie, 9. Jg., Nr. 1, 2001, S. 77 – 95.

Lemke, T.: Eine Kritik der politischen Vernunft. Foucaults Analyse der modernen Gouvernementalität. Hamburg 1997.

Luhmann, N.: Die Gesellschaft der Gesellschaft, 1. und 2. Teilband, Frankfurt am Main 1998.

Luhmann, N.: Soziale Systeme. Frankfurt am Main 1984.

March, J. G. / Olsen, J. P.: Ambiguity and Choise in Organisations. Bergen 1976.

Marx, K.: Resultate des unmittelbaren Produktionsprozesses. Frankfurt am Main 1970.

Marx, K.: Das Kapital. Kritik der politischen Ökonomie. Band 1, MEW Bd. 23, Berlin 1979.

Matys, T.: Macht, Kontrolle und Entscheidungen in Organisationen. Eine Einführung in organisationale Mikro-, Meso- und Makropolitik. Wiesbaden 2006.

Michalitsch, G..: Die neoliberale Domestizierung des Subjekts. Von den Leidenschaften zum Kalkül. Frankfurt und New York 2006.

Moldaschl, M. / Voss, G. G. (Hrsg.): Subjektivierung von Arbeit. München und Mering 2002.

Müller-Schöll, N.: Dekonstruktion [Stichwort]. In: Schnell, R. (Hrsg.): Metzler Lexikon Kultur der Gegenwart. Themen und Theorien, Formen und Institutionen seit 1945. Stuttgart und Weimar 2000, S. 92 f.

Opitz, S.: Gouvernementalität im Postfordismus. Macht, Wissen und Techniken des Selbst im Feld unternehmerischer Rationalität. Hamburg 2004.

Ortmann, G. / Sydow, J. / Türk, K. (Hrsg.): Theorien der Organisation. Die Rückkehr der Gesellschaft. Opladen 1997.

Parsons, T.: Beiträge zur soziologischen Theorie. [Hrsg. von Dietrich Rüschemeyer] München 1964.

Pfeiffer, S.: Arbeitsvermögen. Ein Schlüssel zur Analyse (reflexiver) Informatisierung. Wiesbaden 2004.

Pfeiffer, S.: Dem Spürsinn auf der Spur. Subjektivierendes Arbeitshandeln an Internet-Arbeitsplätzen am Beispiel Information-Broking. München und Mering 1999.

Pongratz, H. J. / Voß, G. G. (Hrsg.): Typisch Arbeitskraftunternehmer? Befunde der empirischen Arbeitsforschung. Berlin 2004.

Pongratz, H. J. / Voß, G. G.: Arbeitskraftunternehmer. Erwerbsorientierungen in entgrenzten Arbeitsformen. Berlin 2003.

Reich, K.: Die Ordnung der Blicke. Perspektiven des interaktionistischen Konstruktivismus. 2 Bde., Neuwied 1998.

Schülein, J.: Zur Konzeptualisierung des Sinnbegriffs. In: KZfSS, 34. Jg. 1982, Nr. 4., S. 649 – 664.

Türk, K.: Organisation als Gegenstand kritischer Gesellschaftstheorie. In: Sozialwissenschaftliche Literatur-Rundschau, H. 51, 2/2005, S. 74 – 84.

Türk, K.: "Die Organisation der Welt". Herrschaft durch Organisation in der modernen Gesellschaft. Opladen 1995.

Türk, K. / Lemke, T. / Bruch M.: Organisation in der modernen Gesellschaft. Eine historische Einführung. Wiesbaden 2002.

Voss, G. G.: Die Entgrenzung von Arbeit und Arbeitskraft – Eine subjektorientierte Interpretation des Wandels der Arbeit. In: MittAB 3/1998, S. 473 – 487.

Voss, G. G. / Pongratz, H. J.: Der Arbeitskraftunternehmer. Eine neue Grundform der Ware Arbeitskraft? In: KZfSS, Jg. 50 (1), 1998, S. 131 – 15.

Weber, M.: Wirtschaft und Gesellschaft. Grundriss der verstehenden Soziologie. Tübingen 1985.

Weiskopf, R. (Hrsg.): Menschenregierungskünste. Anwendungen poststrukturalistischer Analyse auf Management und Organisation. Wiesbaden 2003.

Wolf, H.: Arbeit und Autonomie. Ein Versuch über Widersprüche und Metamorphosen kapitalistischer Produktion. Münster 1999.

Zimolong B. / Windel, A.: Mit Gruppenarbeit zu höherer Leistung und humaneren Arbeitstätigkeiten? In: Zimolong, B. (Hrsg.): Kooperationsnetze, flexible Fertigungsstrukturen und Gruppenarbeit. Opladen 1996, S. 140 – 171.

Muße

Kurt Röttgers

Manchmal empfiehlt es sich, dem Sinn eines Begriffs durch seinen Gegenbegriff auf die Spur zu kommen. Befragt man das Alltagsbewusstsein nach dem Gegenbegriff von Arbeit, so wird man in vielen Fällen hören, das sei die Freizeit. In einigen anderen Fällen vielleicht auch, das sei die Arbeitslosigkeit. Die erste Antwort ist insofern interessant, als hier dem Arbeitsbegriff ein Zeitbegriff entgegengestellt wird, was, rein logisch gesehen, ein Kategorienfehler ist, was aber – nun nicht-normativ gesprochen – nichts anderes heißt, als dass auch an Arbeit das Zeitmoment für wesentlich erachtet wird. Nun könnte man, ökonomisch oder soziologisch gesinnt, meinen, es ginge um Abgrenzungen einer objektiven und durch die Objektivität von Uhren messbaren Zeit des Arbeitens von einer ebenso messbaren Zeit des von Arbeit freien Lebensvollzugs. Schon die letztere Formulierung dürfte Zweifel aufwerfen. Denn was tut der, der nur lebt und in diesem Lebensvollzug jeden Anschein vermeidet, seine Tätigkeiten könnten Arbeiten sein. Da das unsinnig würde, haben wir uns daran gewöhnt, die Redeweise zuzulassen, dass auch in der Frei-Zeit, der arbeitsfreien Zeit also, gearbeitet werden könnte, und zwar keineswegs nur im Sinne von

Schwarzarbeit. Also gewöhnte man sich an, die entlohnte Zeit der Arbeit von der nicht-entlohnten Zeit eines Arbeitens innerhalb der so genannten Frei-Zeit zu unterscheiden. Dadurch aber verschwindet der Arbeitsbegriff, und es bleibt lediglich eine durch Geldzuwendungen definierte Lebenszeit im Unterschied zu einer nicht durch Geldzuwendungen definierten Lebenszeit. Dann aber werden wir sofort von der nächsten Frage belästigt: Wie ist das dann mit Sozialhilfeempfängern, geschiedenen Ehefrauen, Kinder, Rentnern u. ä. Für ihre lohnarbeitsfreie Zeit erhalten sie Geld, gänzlich unabhängig davon, ob sie im zweiten Sinne von Arbeiten arbeiten oder nicht. Also scheint auch dieses Abgrenzungskriterium zusammenzubrechen. Weder eine arbeitende Tätigkeit noch eine Geldzuwendung scheint ein mögliches Kriterium der Unterscheidung von Arbeit und Freizeit abzugeben. Wodurch haben wir dieses begriffliche Chaos verdient, das sich gewiss auch noch steigern ließe? Der Autor hätte das Chaos nicht angerichtet, wenn er nicht zu wissen glaubte, wie wir zwar nicht aus dem Labyrinth herausfinden, das ja gar kein Chaos ist, sondern ein Zuviel an Ordnung, wohl aber, wie wir die nächste Ecke in ihm meistern können. Und dieser Rat sieht folgendermaßen aus.

Der Grundfehler ist, den Arbeitsbegriff, insoweit wir ihm seit der Frühen Neuzeit eine Sinnkonstitutionsleistung zutrauen, an den Begriff der objektiven Zeit anzubinden. Im Begriff der objektiven Zeit werden – in darin sind wir alle immer noch newtonianische Simpels – die konstituierenden

Zeitobjektivationen gänzlich unterschlagen.[1] Fasste Newton Zeit als einen leeren Gedanken Gottes auf, so bleibt nach der Säkularisierung von der gleichen Zeitauffassung übrig, dass Zeit ein leerer Gedanke des Kapitals ist. Geht man aber hinter diese Kontingenz der Zuschreibung leerer Gedanken zurück, eine Art phänomenologischer Reduktion, so trifft man auf die Zeitkonstitution – Husserl hätte gesagt: im Bewusstsein, wir sagen: – in der Medialität des Kommunikativen Textes. Kurz gesagt, heißt das Folgendes: Der Präsenz des Erlebens und Handelns von Selbst und Anderem im Kontext von Wissen und Normen stehen sich differentiell gegenüber temporale Nähe und Distanz einerseits, Vergangenheit und Zukunft andererseits.[2] Zeitobjektivationen verdanken sich diskursiver, sozialer und temporaler Reflexionen auf der

---

[1] E. Ch. Welskopf: Probleme der Muße im alten Hellas. Berlin 1962, p. 6 macht darauf aufmerksam, dass für die Griechen Muße zu haben, bedeutete, Herr über die Zeit zu sein und nicht ein Abstraktum wie (objektive) Zeit über sich herrschen zu lassen. J. Ortega y Gasset: Betrachtungen über die Technik – Der Intellektuelle und der Andere. Stuttgart 1949, p. 60 deutet es noch entschiedener: „Die Alten teilten das Leben in zwei Zonen ein: die eine, die sie otium nannten, die Muße, die nicht die Negation der Tätigkeit ist, sondern das Sich-Beschäftigen mit dem Menschlichen, das sie als Herrschaft, Organisation, Verkehr, Wissenschaft, Künste deuteten. Die andere Zone, die erfüllt ist von Anstrengung, um die elementaren Bedürfnisse, um alles, was jenes otium möglich macht, zu befriedigen, nannten sie negotium, wodurch sie treffend den negativen Charakter bezeichneten, den sie für den Menschen hat."

[2] Ausführlicher dazu K. Röttgers: Kategorien der Sozialphilosophie. Magdeburg 2002, sowie W. Mack / K. Röttgers: Gesellschaftsleben und Seelenleben. Göttingen 2007, p. 10-58.

Grundlage von Distanznahmen und sind daher nur denkbar in Absetzung von einer als vorgängig gedachten temporalen Nähe. Auf diese Weise ist die Sinnkonstitution objektiver Zeit rückgebunden an die Präsenzzeit des Mediums, ohne dass allerdings so etwas wie eine Unmittelbarkeit der Präsenz oder Mittelbarkeit der Nichtpräsenz zwangsläufig unterstellt werden müsste. Denn Unmittelbarkeit – darin ist Hegels Einsicht zu folgen – ist stets nur als vermittelte Unmittelbarkeit zu haben. Präsenz ist kein gründungsmythischer Ursprung, sondern Präsenz ist stets schon Differenz: Ur-Sprung.[3] Das hat Folgen. Die Unterscheidung zwischen Arbeit und Freizeit ignoriert, weil sie objektive Zeit unbefragt voraussetzt, die Zeit- und Sinnkonstitutionsbedingungen. Um diese nun einzubinden, verwende ich im Folgenden den Begriff der Muße[4] als Gegenbegriff zum Arbeitsbegriff.[5]

---

[3] Dass der Ursprung ein Ur-Sprung, d.h. eine Differenz ist, charakterisiert alle Philosophien der Differenz von Heidegger und Lévinas über Derrida bis zu Deleuze und Lyotard, s. dazu H. Kimmerle: Philosophien der Differenz. Würzburg 2000 (zuerst als Studienbrief der FernUniversität in Hagen).

[4] Sehr viel verdanke ich (und wird jeder Leser verdanken) dem Bändchen von V. Schürmann: Muße. 2. Aufl. Bielefeld 2003; das ist im Folgenden nicht jeweils einzeln nachgewiesen.

[5] Anders Th. W. Adorno in seiner Rede „Freizeit". Er meint, dass man früher „Muße" statt „Freizeit" gesagt habe und damit auch etwas anderes gemeint habe, nämlich das „Privileg unbeengten Lebens", etwas „Glückvolleres" als Freizeit heute meine. Doch endet sein Vortrag mit der Hoffnung, dass Freizeit in Freiheit umspringen könne. Th. W. Ador-

„Müßiggang ist aller Laster Anfang", weiß der Volksmund zu vermelden. Dem stimmt Rousseau zu, wenn er sagt: „Ich weiß, dass man die Kinder beschäftigen muss und Müßiggang die größte Gefahr für sie ist." Dem widersprach das enfant terrible der deutschen Frühromantik, Friedrich Schlegel: „O Müßiggang ..., du heiliges Kleinod! einziges Fragment der Gottähnlichkeit, das uns noch aus dem Paradiese blieb."⁶ Auch Kierkegaard fand „nichts Übles" am Müßiggang.⁷ Aber den rechten Einstieg in unser Thema bietet – wie immer – Aristoteles: „Denn wenn auch beides sein muss, so ist doch das Leben in Muße dem Leben der Arbeit vorzuziehen, und das ist die Hauptfrage, mit welcher Art Tätigkeit man die Muße auszufüllen hat." Ich zitiere weiter und etwas umfänglich Aristoteles: „Die Glückseligkeit scheint weiterhin in der Muße zu bestehen. Wir opfern unsere Muße, um Mu-

---

no: Gesammelte Schriften. Darmstadt 1998 (= Frankfurt a. M. 1997), 10.2, p. 645-655.

⁶ F. Schlegel: Lucinde, hier zitiert nach der Ausg.: G. Dischner: Friedrich Schlegels Lucinde und Materialien zu einer Theorie des Müßiggangs. Hildesheim 1980, p. 37-129, hier p. 60; in diesem Bd. weitere umfangreiche Materialien zu einer Theorie des Müßiggangs von G. Dischner, P. Lafargue, B. Nitschke, G. Ricke, F. Nietzsche, E. Benz, H. Hesse, B. Russell.

⁷ S. Kierkegaard: Entweder – Oder, hrsg. v. H. Diem u. W. Rest. 2. Aufl. Köln, Olten 1960, p. 335f.: „Um dem Laster zu wehren, empfiehlt man die Arbeit. Es ist indessen ... ersichtlich, dass die ganze Betrachtung von sehr plebejischer Extraktion ist. Müßiggang als solcher ist keineswegs des Lasters Anfang, im Gegenteil, er ist ein wahrhaft göttliches Leben, wenn man sich nicht langweilt. ... Die olympischen Götter langweilten sich nicht; sie lebten glücklich in glücklichem Müßiggang."

ße zu haben. ... Wenn also nun zwar unter allen tugendhaften Handlungen diejenigen, die sich um Staat und Krieg drehen, an Schönheit und Größe oben anstehen und sie trotzdem mit der Muße unvereinbar und auf ein außer ihnen liegendes Ziel gerichtet sind und also nicht ihrer selbst wegen begehrt werden, und wenn dagegen die betrachtende Tätigkeit der Vernunft an Ernst hervorragt, und keinen andern Zweck hat als sich selbst, auch eine ebenso vollkommen wie eigentümliche Lust in sich schließt, die die Tätigkeit steigert, so sieht man klar, dass in dieser Tätigkeit, soweit es menschenmöglich ist, die Autarkie, die Muße, die Freiheit von Ermüdung und alles, was man sonst noch der Glückseligkeit beilegt, sich finden muss. Und somit wäre dies die vollendete Glückseligkeit des Menschen ..."[8]

Was Aristoteles freilich verschweigt, bringt Kant zur Sprache: Wenn die einen genießen wollen, ohne zu arbeiten [also Aristoteles], so werden andere arbeiten müssen, ohne zu genießen. „Es liegt nämlich nicht bloß in der natürlichen Trägheit, sondern auch in der Eitelkeit der Menschen (einer missverstandenen Freiheit), dass die, welche zu leben haben, es sei reichlich oder kärglich, in Vergleichung mit denen, welche arbeiten müssen, um zu leben, sich für Vornehme halten. — Der Araber oder Mongole verachtet den Städter und dünkt sich vornehm in Vergleichung mit ihm: weil das Herumziehen in den Wüsten mit seinen Pferden und Schafen mehr Belustigung als Arbeit ist. Der Waldtunguse meint sei-

---

[8] Aristoteles: Nikomachische Ethik X, 7, in der Übers. v. O. Gigon. Zürich 2001, p. 441ff.

nem Bruder einen Fluch an den Hals zu werfen, wenn er sagt: ‚Dass du dein Vieh selber erziehen magst wie der Buräte!' Dieser giebt die Verwünschung weiter ab und sagt: ‚Dass du den Acker bauen magst wie der Russe!' Der Letztere wird vielleicht nach seiner Denkungsart sagen: ‚Daß du am Weberstuhl sitzen magst, wie der Deutsche!'"[9] Aber, so artikuliert Kant das Arbeitsethos der Neuzeit, es tut dem Menschen auch gar nicht gut, nicht zu arbeiten: „Die Frage: ob der Himmel nicht gütiger für uns würde gesorgt haben, wenn er uns Alles schon bereitet hätte vorfinden lassen, so dass wir gar nicht arbeiten dürften, ist gewiss mit Nein zu beantworten: denn der Mensch verlangt Geschäfte, auch solche, die einen gewissen Zwang mit sich führen. Eben so falsch ist die Vorstellung, dass, wenn Adam und Eva nur im Paradiese geblieben wären, sie da nichts würden gethan, als zusammengesessen, arkadische Lieder gesungen und die Schönheit der Natur betrachtet haben. Die Langeweile würde sie gewiss eben so gut als andere Menschen in einer ähnlichen Lage gemartert haben."[10] Daher ist es von größter Wichtigkeit, die Kinder frühzeitig zum Arbeiten zu erziehen.

Geht man von dem deutschen Wort „Muße" aus, so lässt sich als erstes feststellen, dass das seit ca. 800 belegte Wort zu einem indoeuropäischen Stamm gehört, dessen Grundbedeutung etwa „messen" und „ermessen" sein dürfte. Zu die-

---

[9] I. Kant: Gesammelte Schriften, hrsg. v. d. Preußischen Akademie der Wissenschaften. Berlin 1910ff., VIII, p. 390; zu Kants Arbeitsbegriff s. St. Klar: Mensch und Arbeit. Würzburg 2006.
[10] IX, p. 471.

sem Stamm gehören nicht nur das deutsche „Maß" und „müssen", sondern auch griech. medesthai „bedacht sein auf" und lat. meditari „nachsinnen" und modus „Maß, Weise" und selbstverständlich auch neubairisch „a Maß".

Das aristotelische Konzept von Muße, darauf deutet ja immerhin schon Kant, ist auf moderne Gesellschaften nicht übertragbar. Für sie gilt nicht nur Kants Einwand, sondern für sie gilt vor allem jene Überhöhung des Arbeitsbegriffs, die Augustinus vorgedacht und die lt. Max Weber im für den Kapitalismus konstitutiven Protestantismus wirksam ist und die schließlich Hegel in seiner „Phänomenologie des Geistes"[11] auf den Begriff gebracht hat, indem er die Arbeit als Moment der Bewegung des Zu-sich-selbst-Kommens des Bewusstseins interpretierte. Im reinen Genuss (nämlich des Herrn) verschwindet die Gegenständlichkeit, durch die das Bewusstsein zu sich hätte kommen können. In der Arbeit aber (nämlich des Knechts) ist die verzehrende Begierde gehemmt und das Verschwinden des Gegenstandes aufgehalten. Arbeit bei Hegel ist Bilden, und zwar sowohl des Gegenstandes in der Bearbeitung als auch des Bewusstseins, das sich selbst darin gegenständlich wird. Dieser Modus ist daher Sinnkonstitution. Wenn also bei Aristoteles die Arbeit der Anderen den Weg zum Sinn freigibt, so ist für Hegel gerade die genussvolle Freiheit von Arbeit ein Handicap, das von Sinnkonstitution abschneidet, weil Sinn nicht über den

---

[11] G. W. F. Hegel: Werke. Frankfurt a. M.. 1970, III, p. 145ff. ; zu Hegels Arbeitsbegriff s. S.-Z. Lim: Der Begriff der Arbeit bei Hegel. 2. Aufl. Bonn 1966, H.- Chr. Schmidt am Busch: Hegels Begriff der Arbeit. Berlin 2002.

ungehemmten Konsum (Hegel spricht von „Begierde" und „Genuss"), sondern nur über die Arbeit zu haben ist. Wenn Renate Wahsner in einem Aufsatz von 1993 feststellt „Gott arbeitet nicht",[12] so ist das als Hegel-Kritik gemeint, weil es ihr scheint, dass dieser Hegelsche überhöhte Arbeitsbegriff die Struktur göttlicher Schöpfung hat; aber creatio ist etwa anderes als Arbeit. Bekanntlich reichten für Gott Worte aus, um eine Welt Wirklichkeit werden zu lassen. Für den Hegelschen Knecht sieht das eigentlich ganz anders aus; er arbeitet für den Herrn aus Furcht vor ihm: Frondienst. An sich, so kritisiert dann auch Marx, könnte Arbeit sinnkonstitutiv sein, aber unter kapitalistischen Bedingungen ist sie es nicht, weil dem Knecht (bei Marx dem „Proletarier") der Gegenstand entwendet wird. Jenes Verschwinden des Gegenstandes, von dessen Aufhalten in der Arbeit bei Hegel die Emanzipation des Knechtes abhing, erscheint bei Marx nur vorübergehend aufgehalten. In der entfremdeten Arbeit verschwindet er auf immer im Kapital. Zwar kennt auch Hegel die Muße, aber bei ihm ist sie nur jene Unterbrechung der Arbeit am Sonntag, an jenem Tag, an dem angeblich auch Gott ruhte und die Aristoteles als Spiel abqualifizierte und nicht als Muße anerkannte. Also auch auf die Hegelsche Art kommt man nicht zu einem qualifizierten Begriff von Muße, der als Gegenbegriff zur Arbeit geeignet sein könnte. Josef Pieper hat, allerdings in problematischer Anknüpfung an Antike und Mittelalter (Idee der vita contemplativa), einen

---

[12] R. Wahsner: Gott arbeitet nicht.- In: Berliner Debatte INITIAL 1993/3, p. 25-38.

gehaltvollen Mußebegriff neu zu formulieren versucht und kommt zu dem bemerkenswerten Ergebnis, dass der Bereich der Muße „der Bereich der Kultur überhaupt sei".[13] Wenn das aber so wäre, dann ergäbe sich ein ganz anderes Verhältnis zwischen Arbeit und Muße. Zwar wären sie immer noch Gegensätze, aber Gegensätze in einem dialektischen Sinne. Das soll heißen, dass der Arbeitsbegriff selbst in den Begriff der Muße umschlägt und umgekehrt. Denn es ist dann offenkundig, dass nur ein ökonomisch reduzierter Arbeitsbegriff keinen Raum für eine solche Muße ließe, sondern allenfalls für Freizeit als Arbeitsunterbrechung, die dann mit Konsumieren ausgefüllt werden müsste. Und auch, dass nur ein reduzierter Begriff von Muße im Nichtstun und Langeweile bestünde, die sich allein noch von beliebiger Geschäftigkeit, nicht aber von Arbeit abhöbe.

Muße als Gegenbegriff von Arbeit ist, wie gesagt, etwas anderes als Freizeit.[14] Aber was ist es, das die Zeit, in der sich Muße ereignet, zu etwas anderem als der Frei-Zeit macht? Offenbar ist es das Moment der Zeitgestaltung selbst, das sich in Muße als Maß und Angemessenheit ausprägt. In der

---

[13] J. Pieper: Muße und Kult. 7. Aufl. München 1965. Cf. auch E. Bloch: Das Prinzip Hoffnung. Frankfurt a. M. 1985, p. 1073. „...Kultur bildet so, in der Muße, die ihre Arbeit ist, ... Substanzen der wirklichen Freizeit." – Muße als Kultur-Arbeit.

[14] Auch A. Braun fragt sich, ob wir eine neue Definition von Muße brauchen, entscheidet sich dann aber doch für den Begriff der Freizeit, den sie erweitert wissen möchte als Zeit nicht nur der Reproduktion der Arbeitskraft, sondern „des Lebens". A. Braun: Konkrete Utopie jenseits der Arbeit?- In: Z – Zeitschrift für marxistische Erneuerung 38 (1999).

Zeit-Gestaltung der Muße wird die Präsenz nicht als Mittel zur Realisierung eines in der Zukunft liegenden Zwecks eingesetzt.

Arbeit und Muße sind zwei Formen, mit der Endlichkeit umzugehen, mit dem, was die Tradition als die brevitas vitae thematisiert hat. Arbeit als Antwort auf Endlichkeit bedeutet: Die Ressourcen des Lebens sind knapp ebenso wie die Ressource „Leben" selbst, wir müssen sparsam und rationell mit ihr umgehen, indem wir unsere Zwecke mit rationalem Mitteleinsatz zu erreichen versuchen. Jedoch seit der Antike rühren auch die Bedenken gegen dieses Modell. So sagte etwa Epikur: „Das Leben geht mit Aufschieben dahin, und jeder von uns stirbt, ohne Muße gefunden zu haben."[15] Sein sonstiger Kontrahent Seneca pflichtet ihm bei: „Wir haben keine knappe Zeitspanne, wohl aber viel davon vergeudet. ... Wenn du das Leben zu gebrauchen verstehst, ist es lang." Und er bringt seine Einsicht auf folgenden Leitsatz: „Nur ein kleiner Teil des Lebens ist es, in dem wir leben. Die ganze übrige Spanne ist nicht Leben, sondern Zeit."[16] Diesen kleinen Teil bei Seneca, den wir leben, haben wir hier mit Muße bezeichnet. Arbeit beruht auf Aufschub; so arbeiten wir beispielsweise, um in jenem Riesenbatzen Freizeit, den wir Ruhestand nennen, unser Auskommen, d.h. noch genügend Ressourcen zu haben. Muße dagegen erfüllt die Gegenwart.

---

[15] Zit. nach: Lebensweisheiten berühmter Philosophen, hrsg. v. St. Knischek. München 1999, p. 294.
[16] L. A. Seneca: De brevitate vitae – Von der Kürze des Lebens. Stuttgart 1986, p. 5/7.

Ludwig Feuerbach sagte: "Je kürzer unser Leben ist, je weniger wir Zeit haben, gerade desto mehr haben wir Zeit; denn der Mangel an Zeit verdoppelt unsere Kräfte, concentrirt uns nur auf das Nothwendige und Wesentliche, flösst uns Geistesgegenwart, Unternehmungsgeist, Tact, Entschlossenheit ein ..."[17]

Muße hat ein praktisches, Arbeit ein poietisches Verhältnis zu ihrem Vollzug. Aber auch Muße ist nicht unproduktiv, sondern im Produkt der Muße vergisst sich der Prozess nicht. Zwar fallen einem zur Veranschaulichung vor allem Beispiele aus handwerklicher oder bastelnder Tätigkeit ein, incl. selbstgeschriebener Computerprogramme, soll allerdings dieser den Sinn von Arbeit erhellende Begriff von Muße irgendeine Relevanz haben, dann darf er sich nicht in solchen vormodernen oder allenfalls modernen Kontexten erschöpfen, sondern muss auch für postmoderne Kontexte Gültigkeit beanspruchen. Wir müssen ihn also dort aufsuchen, wo er dialektisch, d.h. mit innerer Notwendigkeit in Arbeit umschlägt. Und das ist genau der Punkt, an dem die bricolage[18] zur Innovation wird. Und das ist auch genau der Ort, an dem Schumpeter die Unternehmertätigkeit ansetzt.[19]

---

[17] L. Feuerbach: Sämtliche Werke. 2. Aufl. Stuttgart-Bad Cannstatt 1959, II, p. 375.

[18] Dieser von C. Lévi-Strauss geprägte Begriff hat vielfach Eingang gefunden in die einschlägigen theoretischen Zusammenhänge. C. Lévi-Strauss: Das wilde Denken. Frankfurt a. M. 1968, p. 35ff.

[19] J. A. Schumpeter: Kapitalismus, Sozialismus und Demokratie. 5. Aufl. München 1980, p. 134-142; ders.: Theorie der wirtschaftlichen Ent-

Diesen innovativen Aspekt aus dem Arbeitsbegriff auszuschließen, hieße nicht nur, Arbeit als Wiederholungszwang festzuhalten, sondern auch eine bestimmte Art von Produktivität per fiat vom Sinn von Arbeit fernzuhalten. Will man solche definitorischen Gewaltsamkeiten nicht, kommt man nicht umhin zu sagen, der Sinn von Arbeit ist ohne Muße in der Arbeit unvollständig beschrieben. Damit aber wird der Sinn von Arbeit in sich widersprüchlich. Er hat einerseits die Zweck-Mittel-Struktur rationalen Handelns, die, da die Handlungsziele in der Zukunft die Mittel aber in der Gegenwart liegen, durchaus als durch die objektive Zeit strukturiert gedacht und in ihr gemessen werden kann. Er hat aber andererseits auch die Zeitstruktur der Muße, durch die die Dominanz einer erfüllten und sich in sich ausdehnenden Gegenwart gesetzt ist, für die Vergangenheit und Zukunft einerseits Horizont, andererseits Reflexionsformen sind. Dieser Widerspruch muss ausgehalten und aufgehoben werden. Aber schauen wir zunächst auf die andere Seite.

Muße, soll sie etwas anderes sein als Müßiggang oder Arbeitsverweigerung, braucht einen in sich sinnvollen Inhalt und nicht nur eine bestimmte Zeitstruktur. Schon Aristoteles hatte an der schon zitierten Stelle gesagt, es sei die „Hauptfrage", „mit welcher Art Tätigkeit man die Muße auszufüllen hat." Und seine erste Negativantwort war, dass diese Tätigkeit nicht im Spielen bestehen könne, wobei er unter Spielen hier die Unterbrechung der Arbeit zum Zweck der Erholung

---

wicklung. 9. Aufl. Berlin 1997; vgl. dazu L. Immerthal: Der Unternehmer. München 2007.

versteht. Muße, da sie von anderem Typ sein soll, ist also keine bloße Arbeitsunterbrechung, keine die Arbeit skandierende Pause. Für Aristoteles ist Muße vielmehr der logische Ort der Glückseligkeit. Und weil das so sei, könne man bei Muße nicht nach dem Zweck der Tätigkeiten in Muße fragen; denn das Glück hat kein Ziel oder Zweck, sondern ist selbst letztes Ziel und Zweck. M. a. W. in der Tätigkeit, die die Muße ausfüllt, gibt es keinen Zweck, der außerhalb ihrer selbst läge. Das schließt allerdings nicht aus, dass Einzelhandlungen innerhalb der Praxis der Muße poietischen, herstellenden , d.h. externe Zwecke verfolgenden Charakter haben können, sofern sie nicht ihre Zwecke außerhalb der Muße haben. Im Gegenteil, wer jede konkrete Tätigkeit mit dem Hinweis verweigerte, er müsse sich stattdessen um sein Glück kümmern (heute sagt man oder frau auch: um die Selbstverwirklichung), der weiß nicht, was er sagt und wird sein Glück mit Sicherheit verfehlen. Und so schlägt auch hier der Begriff der Muße in den der Arbeit um. Muße ohne in sie eingelagerte Arbeit ist nicht denkbar.

Kann man etwa für die für Muße typische Zeitstruktur das Musizieren als Beispiel anführen, in dem es um Zeiterfüllung und nicht um Zeiteinsatz zum Zweck der Erreichung eines dem Prozess selbst externen Zweck geht,[20] als es also z.

---

[20] Zur Zeitstruktur der Musik allgem. G. Brelet: Le temps musical. 2 Bde. Paris 1949 : die Zeit der Musik ist weder objektive Zeit der Uhren noch bloß subjektive Zeit der Seelen, sondern „c'est incarnée dans le concret, l'essence métaphysique du temps, que notre vie temporelle quo-

B. das Erreichen des Schlussakkords wäre, (im Gegensatz dazu im Arbeiten um genau ein solches Erreichen eines Zwecks, in dem der Prozess an ein Resultat gelangt), so wird durch unsere Überlegungen zu Arbeit in der Muße der Blick dafür freigegeben, dass die Musik dem Musizierenden nicht schlaraffisch in den Schoß fällt, vielmehr heißt es: üben, üben, üben. Und das Einüben eines Musikstücks hat genau diese Zweck-Mittel-Struktur, die dem Arbeiten als solchem eigentümlich ist: Man übt, um am Ende perfekt zu spielen. In diesem Sinne könnte man vielleicht sogar sagen: Das Glück der Muße will erarbeitet sein.

So sind Arbeit und Muße zwar Gegensätze, aber in ihrer dialektischen Vermittlung zeigt sich die gegenseitige Verschränkung und Durchdringung beider, so dass jede Seite die andere Seite als ihr Bestes hat.[21]

Dialektik hat es nun so an sich, dass sie sich nicht in einer einmaligen Vermittlungsfigur fixieren lässt, oder anders gesagt, dass sie über sich hinaustreibt zum erweiterten Widerspruch. In diesem Sinne haben einige Muße-Theoretiker gemeint, dass, wenn schon Arbeit und Muße miteinander vermittelt seien, es einen Begriff von Alltag ge-

---

tidienne à la fois révèle et dissimule", lautet ihre phänomenologische Auskunft.

[21] B. Kuppler SJ bezeichnet in seinem Beitrag „Freizeit als neuer Reichtum" Arbeit und Freizeit als Gegensätze, Arbeit und Muße dagegen als komplementäre Begriffe. B. Kuppler SJ: Freizeit als neuer Reichtum. – http://www.we-wi-we.de/ethik_wirtschaft_freizeit_als_neuer%20reichtum.htm, zuletzt gesehen am 3.3.2007.

be, zu dem Muße in einem unvermittelten Gegensatz stünde. Das Spiel (nach Aristoteles) oder der freizeitliche Konsum unterbricht die Arbeit oder lässt sich von ihr unterbrechen. Beides aber ist Alltag. Dem steht als unversöhnter Gegensatz gegenüber das Fest oder die Feier. Der Alltag also, in seinem Wechsel von Arbeit und Nichtarbeit, hätte im Fest seinen absoluten Gegensatz, in ihm wäre Muße eben noch nicht mit Arbeit vermittelt. Aber es hilft nichts. Wenn wir die eine Seite banalisieren, die andere emphatisieren, gewinnen wir entweder nur immer abstraktere Bestimmungen oder wir werden darauf verwiesen, dass auch diese Begriffe in ihrer Konkretion vermittelt erscheinen.[22]

---

[22] Das Bewusstsein dafür ist – wie sollte es anders sein? – bei dem großen Klassiker Marx schon in nuce schon vorhanden, s. K. Marx: Grundrisse der Kritik der Politischen Ökonomie (Rohentwurf) 1857-1858. Berlin 1953, p. 599; allerdings operiert er mit dem Begriff der „freien Zeit", die er in „Mußezeit" und „Zeit für höhre Tätigkeit" aufteilt und in ihrer Rückwirkung auf den Produktionsprozess betrachtet. Weder die abstrakte Entgegensetzung von Arbeitszeit und freier Zeit, wie es die bürgerliche Ökonomie seiner Zeit sieht, wird dem gerecht („versteht sich von selbst"!) noch Fouriers Traum, dass Arbeit zu Spiel werden könnte. Nach G. Irmscher: Freizeitleben: Musse, Feierabend, Freizeit.- In: Befremdlich anders: Leben in der DDR, hrsg. v. E Badstübner. Berlin 2000, p. 350-373, hier p. 352 spielte genau diese Unterscheidung auch in der DDR eine Rolle, um sich von der BRD abzugrenzen. Sie schreibt: „Doch wurde das antike Lebensbild der Muße in der DDR kulturpolitisch auch genutzt, um gegen die westliche Freizeitkultur zu argumentieren. Arbeitsfreie Zeit für Muße und ‚höhere Tätigkeit' zu nutzen, schien dem angestrebten Menschenbild kongenial zu sein."

Und wenn B. Russell gesagt haben soll,[23] er verspreche sich einen wirklichen Fortschritt nicht von einer Vermehrung der Freude an der Arbeit, sondern von der Vermehrung der Muße, so zeigt seine simple Alternative, dass ihm die dialektische Vermittlung von Arbeit und Muße verborgen geblieben ist.

Sehr viel berechtigter ist der Zweifel von Michel Serres, ob der klassische Arbeitsbegriff, der am Produzieren orientiert ist, wegen dieser prometheisch-metaphorischen Grundlast noch geeignet ist, die Informationstransfers, incl. der Geldströme und ihrer beider Wertschöpfungen die Zukunft angemessen beschreiben lässt.[24] Prometheus hat den Menschen die produzierende und naturverwandelnde Arbeit gebracht; befreit nun Hermes die Menschheit davon, oder arbeitet der Gott der Kaufleute, Diebe und Übersetzer auch irgendwie? Beklagte der frühe Marx noch, dass dem Arbeiter im Kapitalismus die Arbeit entfremdet sei, so stellt sich für diese neuen Zusammenhänge nicht-prometheischer Arbeit die umgekehrte Frage, ob hier nicht der Arbeit der Informations-Maschinen und -Programme der Mensch ein fremdes Wesen geworden sei. Man könnte das beklagen oder auch nach der Façon so genannter Kritischer Theoretiker wegzuwünschen versuchen[25] und zugleich an die uneingelösten

---

23 Lebensweisheiten, p. 140.
24 M. Serres: Die Legende der Engel. Frankfurt a. M. 1995, p. 39ff.; ders.: Hermes II: Interferenz. Berlin 1992, p. 166 ff.
25 Typisch etwa: H. Dreyfus: On the Internet. London 2001.

Versprechen der Moderne, reaktionär zur Postmoderne,[26] erinnern; aber solches trübt nur den Blick. Wenn wir auch für diese Art des Informations-Transfers und -Austauschs, den die Maschinen und Programme übernommen haben, sagen wollen, dass hier die Maschinen für uns und ohne uns „arbeiten", und ich z. B. getrost schlafen gehen kann, weil ich weiß, dass meine installierte Software im günstigsten Moment zum günstigsten Preis tätig werden wird, wenn wir also das „arbeiten" nennen wollen, dann müssen wir uns fragen lassen, wo hier die Muße bleibt. Oder noch radikaler: Gibt es Muße ohne Menschen? Ich vermute, in einer Frist wird sich diese Frage positiv beantwortet haben, wenn nämlich die Informatiker der Software solche loops eingebaut haben werden, die die Programme zur Selbstoptimierung („Lernen") in einer Weise befähigen, die der Muße in ihrer Funktionalität in der Menschenwelt entspräche. Nur wenn man sich antikisierend oder humanistisch-menschelnd die Redeweise von Muße einschränkt, wird man die Frage nach der Menschen-freien Arbeit und Muße für absurd erklären wollen. Aber eine für die Postmoderne angemessene Sozialphilosophie wird sich nicht auf ein so genanntes Menschenbild eines mühe- und mußevollen Menschen begründen lassen. Der Grund liegt sicher nicht darin, dass jemand etwas gegen den oder die Menschen hätte und sie abschaffen

---

[26] J. Habermas: Der philosophische Diskurs der Moderne. Frankfurt a. M. 2004; ders.: Die neue Unübersichtlichkeit. 6. Aufl. Frankfurt a. M. 1995; ders.: Die Moderne – ein unvollendetes Projekt. Leipzig 1994; vgl. dazu W. Jäger / M. Baltes-Schmitt: Jürgen Habermas. Wiesbaden 2003.

möchte oder ihre berechtigten Glückserwartungen infrage stellen möchte, sondern dass eine Sozialphilosophie, will sie auf der Höhe der Zeit angekommen sein, nicht mehr substantialistisch fundiert sein kann.

Dass das Göttliche die Rolle der letztfundierenden Substanz nicht mehr spielen kann, dürfte inzwischen jedem klar geworden sein, genau das war der Prozess der Moderne. Aber auch Gottes Nachfolger im Amt der Letztfundierung, der Mensch, hat sich als ungeeignet erwiesen; denn die Beerbung der logisch unvereinbaren Eigenschaften Gottes (Weisheit, Güte und Macht), die ehemals durch den Glauben zusammengehalten wurden, führte auch in den diversen Menschenbildern der Moderne zu einem widersprüchlichen Konglomerat aus Anthropologischem, Humanistischem und Humanmedizinischem, wobei die Glaubensintegration eines Glaubens an den Menschen eben nicht mehr als zulässig erachtet wurde. Es kommt darauf an, das Substanzdenken durch ein Denken in Funktionen zu ersetzen. Und das heißt auch, für viele Philosophen schmerzlich, dass wir nicht vom Subjekt oder vom Individuum oder vom Ich oder von der Person oder gar von *dem* Menschen ausgehen dürften, erst recht nicht von der beliebigen Vermischung dieser Kategorien, die alle etwas je Spezifisches meinen, um dann von einem solchen Ausgangspunkt zu untersuchen, wie es mit dem Rest der Welt bestellt sei. Funktionalistisch sollten wir vielmehr von dem Zwischen ausgehen, von dem, was man auch Medium nennen könnte und was ich in der Sozialphilosophie des kommunikativen Textes zu Sprache bringe.

Aus den angesprochenen begrifflichen Fallen kommen wir auf diese Weise heraus, und für unser Thema heißt das, dass wir den dialektisch-reflexiven Arbeitsbegriff, d.h. den durch sein Gegenteil „Muße" hindurchgegangenen nicht länger auf „den" Menschen beziehen, sondern konsequent von der Medialität her zu begreifen versuchen, d.h. von dem Raum zwischen den Menschen her. Es ist die Vermittlung selbst zwischen Arbeit und Muße, die den Ort für die Frage nach dem Sinn abgibt. Hier stellt sich die Frage nach dem Sinn als Frage nach einer sozial vermittelten Sinndistribution, die das Medium erlaubt bzw. vornimmt. Und wenn wir jetzt die Sinnkonstitution noch einmal auf die Zeitkonstitution beziehen, erscheint diese Frage als diejenige nach der Vermittlung von erfüllter Zeit der Praxis und zielgerichteter Zeit der Poiesis. Und dann werden wir – durch die Moderne zu einer Abweichung von Aristoteles angeleitet bzw. gezwungen – nichtvermittelte Poiesis ebenso wie nichtvermittelte Praxis als sinndefizitär begreifen müssen.

Nicht also der Mangel an Arbeit ist eine Sinnberaubung, so dass die Existenzen von Kindern, Schülern, Studenten, geschiedenen Ehefrauen, Invaliden, Rentnern, Arbeitslosen, Strafgefangenen oder Soldaten sinnlose Existenzen wären. Ebenso wenig aber liegt der so genannten Sinn des Lebens im Jenseits der Arbeit, in der Freizeit, dem Rentenalter oder Arbeitslosigkeit, so dass die Arbeit nur Mittel zu eigentlichem Leben-im-Sinn wäre, so dass, wer für andere arbeitet, nur der Dumme wäre und die parasitäre Existenz die eigentlich sinnerfüllte. Weder sind die Arbeitenden Sinnprivilegierte noch sind die Nichtarbeitenden Sinnberaubte, Sinnparasiten oder Sinnerwartende. Die Frage ist in dieser Form falsch gestellt; denn es ist die Vermittlung von Arbeit und Muße, die der Ort der Sinndistribution ist. Eine nicht mit Muße vermittelte Arbeit erscheint dann ebenso sinnlos wie eine arbeitsfreie Muße.

So allerdings, und hier wird es dann für Aristoteliker schwierig zu folgen, wird man die nicht mit Arbeit vermittelte Muße, also den bios theoretikos, das Leben der Philosophen, als sinnlos beschreiben müssen, wenn nämlich die Vermittlung der Ort der Sinndistribution ist. Die nur erfüllte Zeit, ohne jede Zwecksetzungen ist, jedenfalls seit der Moderne, ohne Sinn, sie verfehlt den Anschluss an die gesellschaftlich verbindlich gesetzten Zeitobjektivationen zur objektiven Zeit. Wenn die zuvor genannten Personengruppen nur Muße haben oder hätten, haben sie zu wenig, weil der auf diese Weise maximal erreichbare Sinn ein privatistischer oder Surrogat-Sinn wäre. Das gleiche gilt natürlich für diejenige privatistische Abkopplung der Arbeit von der Vermitteltheit, die etwa der Workaholic praktiziert. Wenn das aber so ist, dann erscheint das Für-Andere(Nichtarbeitende)-Arbeiten ohne weiteres offen für die Möglichkeit von Sinn, problematischer dagegen wird das bewusste Andere-für-sich-arbeiten-Lassen, sei dieser andere nun ein gewisser Aristoteles oder die geschiedene Ehefrau, weil sie normalerweise keine Möglichkeit der Einlagerung von Arbeit für die Betreffenden zulässt, was ja schon Hegel als das konstitutionelle Defizit der Herrschaft beschrieben hat.

Gleichwohl sind das alles nur Beispiele, weil sie hier nur auf ausgewählte Personengruppen bezogen wurden, die immer auch anders könnten. Mediale Sinndistribution der Vermittlung von Arbeit und Muße muss daher vorrangig auf der gesellschaftlichen, nicht auf der individuellen Ebene diskutiert werden. Dann aber taucht die Frage auf, die den Rahmen unserer Überlegungen sprengen würde, ob es Alternativen zur Vermittlung von Arbeit und Muße oder von Alltag und Fest auf einer erweiterten Ebene geben kann, durch die sozial vermittelter Sinn distribuiert wird. Das wird dann zu der Frage der epistemischen und normativen Selbstdefinition und Selbstbeschreibung einer Gesellschaft.

Zur Bedeutung der Arbeit für die Sinnstiftung des modernen Subjekts

Ute Luise Fischer

„Ist das Leben gut gewesen, so ist es Müh und Arbeit gewesen ..."

Dies – ein christlicher Sinnspruch[1] – das habe sie schon immer gesagt, sei doch eher ein Grabspruch eines Pferdes denn eine Lebensmaxime, die eines Menschen würdig ist. Zu dieser Einschätzung kommt die Gleichstellungsbeauftragte eines erzgebirgischen Landkreises in einem Interview von 1994 aus meiner früheren Studie zu den Transformationsfolgen für die Frauenerwerbsarbeit nach der deutschen Wiedervereinigung.

Frau Jahn[2] formuliert hier prägnant eine Kritik an der Zentralität der Arbeit für die Anerkennung eines gelungenen Lebens. Dass sie dies als ehemalige Bürgerin der DDR tut als dem Land, das sich in der eigenen Verfassung als „Arbeiter- und Bauernstaat" auswies, markiert ihre Distanz auch zu jener gesellschaftlichen Ordnung, die nicht den Staatsbürger

---

1 In der älteren Lutherübersetzung des Psalm 90, Vers 10.
2 Anonymisiert.

als Volkssouverän anerkannte, sondern sich als eine Gemeinschaft der Werktätigen definierte – als Arbeitsgesellschaft.

Doch auch im anderen Teil Deutschlands wie im heutigen wiedervereinigten ist dieser Topos nicht fremd. Die Debatten der Soziologie in den 1980er Jahren über die ‚Krise der Arbeit' oder das ‚Ende der Arbeitsgesellschaft' zeugen eben so davon, wie die neuerliche Diskussion über die ‚Zukunft der Arbeit' und den „Sinn von Arbeit", dem sich auch dieser Band widmet. Mein Beitrag nähert sich dem Sinn von Arbeit in einer strukturtheoretischen Betrachtung der Konstitution der modernen Gesellschaft und des Stellenwerts der Arbeit darin. Es wird begründet, warum die Dominanz der Arbeit ein Fehlschluss ist, sowohl hinsichtlich ihrer gesellschaftlichen Bedeutung, als auch für die Sinnstiftung des Einzelnen und als vermeintlicher Königsweg seiner gesellschaftlichen Integration. In den Konsequenzen aus der Analyse eröffnet sich als Alternative die ‚Bürgergesellschaft'.

1   Arbeit und Sinn

Einige Jahrhunderte hat es gedauert, bis Arbeit ihren Ruch von Mühsal, Zwang und Bestrafung verloren hat. Bis in die Anfänge der Moderne hinein konnte soziales Ansehen genießen, wer nicht abhängige, fremdbestimmte Arbeitsleistung verrichten musste und sein Leben aus anderen Existenzquellen nach freien Entscheidungen gestalten konnte. Erst mit den politischen Umwälzungen nach der französischen Revolution und der wirtschaftlichen Transformation durch die Industrialisierung konnte sich durchsetzen, was im Keim bereits seit dem Mittelalter angelegt war: Der zunächst auf schwere körperliche Arbeit bezogene Arbeitsbegriff wurde schon damals sowohl ausgedehnt auf geistige Anstrengungen als auch aufgewertet durch eine normative Verpflichtung zur Leistung (Bonß 2001, S. 332). Mit Luthers Gleichsetzung von Arbeit und Beruf wurde der Boden für die moderne Arbeitsauffassung bereitet. Sie verallgemeinert berufliche Tätigkeit und vor allem ihr sinnstiftendes Potential auf alle. Zunächst wurzelte diese Ausdeutung und Aufwertung der Arbeit in der religiösen Verankerung einer Heilsgewissheit und Erlösungshoffnung. Dass sich diese Leistungsethik in der säkularisierten Welt ihrer religiösen Wurzeln entkleidet hat, schränkt ihre Wirksamkeit in der Moderne keineswegs ein, sondern stellt das Fundament einer revolutionierenden Entfaltung der Wirtschaftskraft in der aufkommenden kapitalistischen Produktionsweise dar, wie Weber (1920) es gezeigt hat. So korrespondiert mit der veränderten Deutung von Arbeit und ihrer Aufwertung ein Strukturwandel der Arbeitsverrichtungen ebenso wie ihre gesellschaftliche Bedeutung in Form einer immensen Erhöhung von Produktivität, Wertschöpfung und schließlich der materiellen Reproduktion der Gesellschaft allgemein.

Mit der Durchsetzung der Leistungsethik entfaltet sich auf diesem Boden eine moderne Auffassung vom sinnerfüllten Leben. Doch wodurch erklärt sich die Kopplung von Arbeit und Lebenssinn? Oevermann (1995) hat in seinem Strukturmodell von Religiosität die Bewährungsdynamik als universelle Struktur der Gattung begründet. Die Sprachfähigkeit des Menschen konstituiert demnach regelgeleitetes Handeln, sowie das Bewusstsein über die Differenz von Vergangenheit, Gegenwart und Zukunft. Damit lässt sich auch die gegebene Wirklichkeit des Jetzt unterscheiden von der ebenfalls gegebenen hypothetischen Welt von Möglichkeiten. Daraus erwächst die Notwendigkeit, Entscheidungen zu treffen, die sich bewähren müssen, ohne deren Bewährung oder Scheitern im Vorhinein zu kennen. Zugleich konfrontiert mit der Endlichkeit des eigenen Lebens, stehen die Entscheidungen des Subjekts letztlich im Zusammenhang mit der Bewährung dieses Lebens insgesamt. Auch wenn in Routinesituationen dies nicht zu Bewusstsein kommt, steht ein jeder vor der Frage, aufgrund welcher Vorstellungen von einem sinnerfüllten Leben er oder sie die Handlungsmöglichkeiten in bestimmter Weise ergreift. Alle Entscheidungen, die das Subjekt fällt, stehen letztlich in diesem umfassenden Sinn-Komplex und müssen gültige Antworten geben auf die existentiellen Fragen: Woher kommen wir? Wer sind wir? Wohin gehen wir? Waren die Antworten auf die Sinnfrage in vormodernen Gesellschaften religiös weitgehend bestimmt, so tritt infolge der Säkularisierung eine immer stärker individuierte Form der Bewährung in den Vordergrund, die allerdings einer Evidenz durch das Kollektiv bedarf: Der individuierte Bewährungsmythos muss verbindlich anerkannt sein als Ausweis eines gelungenen Lebens und der Aufrechterhaltung und Fortentwicklung der Sozialität dienen. Die

Leistungsethik stellte einen solchen Bewährungsmythos bereit und bezieht hieraus ihre enorme Prägekraft für die Lebensführung auch in der Gegenwartsgesellschaft: Arbeit stiftet Lebenssinn.

2 Arbeit und Einkommen

Wie stark diese Ausdeutung der Bewährung mit der Erwerbsarbeit gekoppelt ist, lässt sich auch an der Verfasstheit unserer sozialen Ordnung erkennen, wie sie uns u. a. in staatlichen Regulierungen der sozialen Sicherung entgegentritt. Die Einkommenssicherung ist vornehmlich an Arbeitseinkommen gebunden. Erwerbsarbeit gilt als vorrangige legitime Einkommensquelle. Soziale Transferleistungen wie das Arbeitslosengeld gelten als Ersatzeinkommen, als Notlösung. In der Festschreibung der Ersatztransfers als Ausnahme findet eine Bestimmung der Erwerbseinkommen als Normalfall statt. Die arbeits- und sozialpolitischen Debatten der letzten Jahre sind geprägt von einer wachsenden Betonung dieser Auffassung. Die Bundesregierung setzt in Fortführung der „Agenda 2010" auf sowohl finanziellen wie auch normativen Druck zur Arbeitsplatzaufnahme. Mit dem vierten „Gesetz für moderne Dienstleistungen am Arbeitsmarkt" (Bundesregierung 2003) ist die soziale Sicherung zunehmend gebunden an die glaubhaft versicherte Arbeitssuche unter verschärften Kontrollen und Zumutbarkeitsanforderungen. Die Kopplung von Arbeit und Einkommen, der

Vorrang der Existenzsicherung durch Erwerbsarbeit hat damit nochmals eine gesetzliche Festschreibung erfahren und Zwangsmaßnahmen eine Legitimierung. Selbst in der familienpolitischen Debatte sind diese Spuren erkennbar: Die Einführung des Elterngeldes stellt diejenigen besser, die vor seiner Inanspruchnahme erwerbstätig waren gegenüber denjenigen ohne vorheriges Erwerbseinkommen. Auch die Pläne zur Ausweitung der Kleinkindbetreuung folgen dem Motiv, Möglichkeiten zur Aufnahme einer Erwerbstätigkeit der Eltern, resp. der Mütter zu erhöhen, statt vom Kindeswohl ausgehend an förderlichen Bedingungen für deren Entfaltung anzusetzen.

Die Verstärkung des Arbeitszwanges geschieht contrafaktisch zur realen Entwicklung. Denn der gesellschaftliche Reichtum steigt, gemessen etwa an der stetigen, auch preisbereinigten Zunahme des Bruttoinlandsproduktes, bei gleichzeitig sinkendem Arbeitsvolumen (Statistisches Bundesamt 2007). Steigende Arbeitslosigkeit auch in Prosperitätsphasen[3] ebenso wie die zunehmende Funktionsunfähigkeit der Systeme der Sozialversicherung in der Finanzierung eines anwachsenden Transferbedarfs sind Zeichen für eine schwindende Kohärenz einer so konzipierten sozialen Ordnung. Dass trotz dieser Befunde die Ausdeutung der Erwerbsarbeit als gesellschaftlich bedeutsamstem Feld und damit verbunden auch die These einer ‚Integration durch Erwerbsarbeit' eine solche Beharrlichkeit aufweisen, lässt

---

[3] Dieser nunmehr dreißigjährige Trend ist nur in jüngster Zeit durch fallende Arbeitslosenzahlen unterbrochen.

sich nur unter der kulturellen Dominanz eines leistungsethischen Bewährungsmythos verstehen. Dieser grundiert auch die Gerechtigkeitsvorstellungen, die den getroffenen politischen Entscheidungen inhärent sind. Maßstab für ein gelungenes Leben und für das soziale Ansehen des Einzelnen ist die im Beruf realisierte Leistung. Wer nicht arbeitet – oder nicht zumindest glaubhaft versichert, dass er die Bereitschaft dazu aufbringt –, hat nach dieser leistungsbasierten Gerechtigkeitsauffassung keine Gegenleistungen zu erwarten. Doch ist die Vorrangstellung der beruflichen Bewährung konsistent und angemessen?

3 Die überschätzte Bedeutung der Arbeit

Eine jede Gemeinschaft muss zu ihrem Erhalt und ihrer Entwicklung die sexuelle Reproduktion ebenso gewährleisten wie ihre materielle und soziale. In der Moderne haben sich dazu die Sphären der Familie, der Erwerbsarbeit und des nationalstaatlichen Gemeinwesens herausgebildet. Alle drei Bereiche der Problemlösung konstituieren in ihrer grundlegenden Bedeutung für die Aufrechterhaltung der Sozialität als Ganzer sinnstiftende Tätigkeiten. In diesem basalen Charakter stehen sie in einem Verhältnis der Gleichwertigkeit. Eine vorrangige Wertschätzung beruflicher Leistung lässt sich daraus nicht ableiten.

Innerhalb dieses gleichwertigen Verhältnisses zwischen den Bereichen im Bezug auf ihre gesellschaftliche Bedeutung besteht aber noch dazu eine Asymmetrie im Hinblick darauf, welche Bedingungen sie bereitstellen, um Handeln überhaupt zu ermöglichen, also hinsichtlich ihrer konstitutiven Stellung. Aus dieser Perspektive erweist sich die Sphäre der ökonomischen Leistungserbringung als nachgeordnet gegenüber familiären und gemeinwohlbezogenen Tätigkeiten. Begründen lässt sich dies aus der Überlegung, welcher Strukturlogik Arbeit folgt und auf welchen Bedingungen Arbeitshandeln beruht.

Die Subjektbildung innerhalb der Primärvergemeinschaftung der Familie und der peer group bis zum Abschluss der Adoleszenzkrise geht der Fähigkeit voraus, sich beruflichen Herausforderungen zu stellen. Um sich den Zwecken der Arbeit, der Problemlösung im Hinblick auf die Erzeugung von Gütern und Diensten zu widmen, bedarf es der Verankerung in den Vergemeinschaftungsorten der Familie und des Gemeinwesens. Hier – in der primären wie der kollektiven Vergemeinschaftung – findet die Lebenspraxis um ihrer selbst Willen, also zweckfrei Anerkennung. Hier bildet sich der Habitus aus, auf den sich eine Bindung an eine Leistungsethik im Beruf ausformen kann, ebenso wie Neigungen und Leistungsbereitschaft. Zu den Kulturleistungen, die das Wirtschaften erst ermöglichen, gehört neben der Sozialisation der Gesellschaftsmitglieder auch der Nationalstaat mit seinen rechtsförmigen Institutionen, Infrastrukturleistungen und Formen des sozialen Ausgleichs von Eigeninteresse und Gemeinwohlbindung, der Fürsorge und dem Schutz des Einzelnen ebenso wie dem Ausgleich von Ungerechtigkeit und Ungleichheit. Sie bilden das Fundament für Vertrauen und Bindung zum Kollektiv, hier werden übergeordnete Normen verankert, die insgesamt die Anerkennungsordnung bestimmen.

Eine ebensolche Asymmetrie besteht zwischen der Logik der Kooperation, die für diffuse Sozialbeziehungen kennzeichnend ist, und der Logik des Äquivalententauschs (Oevermann 2000, S. 38). Sittliche Reziprozität, verstanden als Austausch ohne Vorbedingungen, findet in der Kooperation ihren Ausdruck. Auf der Ebene der kollektiven Vergemeinschaftung entspricht sie der Solidarität, verstanden als „Anerkennung einer wechselseitigen Verpflichtung" (Neuendorff u.a. 2004, S. 9f.). Sittlichkeit ist die Bedingung für den Äquivalententausch im Sinne ökonomisch rationaler Leistungserstellung und -verteilung. Insofern beruht die erwerbs- und rollenförmige Arbeitsleistung, die Leistung auf Gegenleistung, auf der vorgängig ausgebildeten Reziprozität der gegenseitigen bedingungslosen Anerkennung in diffusen Sozialbeziehungen der Gemeinschaft.

Der *Gleichwertigkeit in Asymmetrie* als Grundstruktur der Bewährungsfelder wohnt eine Differenz der Bewährungsmodi inne, die sich aus der Spezifik der Handlungsanforderungen ergibt: Während das Handeln an den vergemeinschaftenden Orten auf die Fortentwicklung der Gemeinschaft ausgerichtet ist – sei es in personaler Bindung in der Primärgemeinschaft der Familie oder in der abstrakteren Form einer Bindung an kollektive Normen der nationalen Vergemeinschaftung –, hat berufliches Handeln die Problemlösung von der gegebenen Sache her zum Ziel. Dabei tritt die Person in ihrer Totalität in den spezifischen Sozialbeziehungen des beruflichen Handelns in den Hintergrund und handelt als Rollenträger. Mit den Formen der Bindung – persönliche, kollektive und sachliche – unterscheiden sich auch die Momente der Bewährung. Ein gelungener Handlungsvollzug in der Familie ruht auf einer Lösung in der Logik von Authentizität; in der politischen Gemeinschaft bedarf die Lösung einer Kohärenz zu den kollektiven Vorstellungen von der Gemeinschaft und ihrer Zukunft; und schließlich in der materiellen Leistungserstellung (von Gütern und Diensten) folgt die Lösung einer sachhaltigen Logik vom Gegenstand her. Eine so bestimmte Differenz der Handlungsanforderungen und ihrer Maßstäbe des Gelingens lässt auch die spezifischen Erfahrungsräume der Bewährung des Einzelnen erkennen, die mit den Bereichen verbunden sind. Sie begründen deren je spezifische Bedeutung für die Entfaltung der eigenen Fähigkeiten, für den Ausdruck des Selbst im je spezifischen Handlungsvollzug und schließlich, im Ergebnis des Handelns, auch die Formen der Wertschätzung, die mit einem kollektiv anerkannten Gelingen der Lösung der Handlungsprobleme verbunden sind. Hier wartet berufliches Handeln mit eben jenen Spezifika auf, die häufig zur Begründung der besonderen „Bedeutung der Arbeit für die Menschwerdung des Affen" (Engels) herangezogen werden: die schöpferische Seite der beruflichen Tätigkeit, die Vergegenständlichung des Arbeitenden in seinem Produkt, die kultur- und persönlichkeitsprägenden Merkmale des Arbeitshandelns etc. Doch im Vergleich mit den familialen und gemeinwohlbezogenen Tätigkeiten stellen sie nur einen besonderen, aber keinen höherwertigen Bewährungsmodus dar, zumal schöpferische Anteile dort ebenso, nur in Form einer anderen Handlungslogik enthalten sind.

In der Rede von der ‚Arbeitsgesellschaft' oder auch der in der Arbeits- und Industriesoziologie etablierten These einer ‚Integration durch Erwerbsarbeit' wird dieser komplexe Zusammenhang systematisch verfehlt. Weder gründet Sozialität konstitutiv auf Arbeit, noch lässt sich Integration auf die Teilhabe an Erwerbsarbeit verkürzen. Die These erzeugt einen analytischen Fehlschluss, indem sie den historisch-spezifisch dominanten Bewährungsmythos der Leistungsethik, die an den Beruf gekoppelt ist, in eins setzt mit einer vermeintlich auch strukturell vorhandenen Dominanz des Berufs in seiner Bedeutung für die Gemeinschaft wie für den Einzelnen. Dabei werden die Abhängigkeiten der Bereiche untereinander und ihre Asymmetrie getilgt, und Sozialität wird vorwiegend als Vergesellschaftung von Rollenträgern verstanden. Von hier ist es argumentativ nicht weit zu der deterministischen Sicht, gesellschaftliche Entwicklungen auf einen Reflex auf Veränderungen ökonomischer Verwertungsbedingungen zu reduzieren, wie es etwa in den Diagnosen von einer „Entgrenzung" von Arbeit und Leben und einer „Ökonomisierung" gesellschaftlicher Teilbereiche (vgl. Moldaschl/Voß 2002, Pongratz/Voß 2003) anklingt und die Debatte zum „Finanzmarktkapitalismus" (Windolf 2005) prägt.

4 Integration als Bürger

Integration kann dagegen in der Moderne nur auf der umfassenden Ebene des Staatsbürgers verstanden werden, denn er bildet das Fundament des modernen nationalstaatlichen Gemeinwesens. Als solcher muss er sich angesichts der Struktur und der historisch und kulturell spezifischen Ausformung der Bewährung positionieren zu den drei grundlegenden Feldern gesellschaftlicher Problemlösung. Ein Ausscheren aus der dreifachen Bestimmung der Bewährung im Kollektiv muss fallspezifisch gut begründet sein. Diese strukturtheoretischen Überlegungen bestätigen sich in meinen Fallrekonstruktionen zur Sinnstiftung des modernen Subjekts (z.B. Fischer 2006, 2007). Angesicht der kulturellen Dominanz findet sich hier wenig überraschend die besondere Bedeutung der beruflichen Bewährung. Das gilt geschlechtsübergreifend und zeigt sich vehement in einem Rechtfertigungsdruck dort, wo jemand – sei es aus Gründen der Arbeitslosigkeit oder der Kindererziehung – nicht berufstätig ist. Doch erscheint es ebenso als begründungsbedürftig, wenn sich jemand gegen eigene Kinder entschieden hat oder dagegen, seinen beruflichen Einsatz zu reduzieren, um mehr Zeit für die Familie zu haben. Die Gemeinwohlbindung tritt in vielfältigen Formen in Erscheinung, sei es mittelbar durch Problemlösungen in der beruflichen Arbeit oder der Fürsorge für den Nachwuchs oder unmittelbar durch politisches, soziales oder kirchliches Engagement. Selbst in den Überlegungen einer Interviewten, ins Ausland auszuwandern, weil sie vergeblich eine ihrer Qualifikation entsprechende Arbeitsstelle gesucht hat und über die fehlende Anerkennung berufstätiger Mütter in Deutschland frustriert ist, kommt ihre Bindung an das Gemeinwesen noch darin zum Ausdruck, dass sie eine Auswanderung als die ultima ratio und keineswegs als wünschenswerte Lösung ansieht.

Die Lebens- und Arbeitsbedingungen stehen in vielerlei Hinsicht dem entgegen, wie sich die Interviewten ein selbstbestimmtes Leben vorstellen. Gerade bei den weiblichen Fällen treten massive Widersprüche zwischen ihrem hohen beruflichen Anspruch, in meinem Sample meist auf der Basis hoher Berufsqualifikationen, und den Chancen auf, diesen zu realisieren, wenn sie etwa aus Gründen der Kindererziehung nach Teilzeitstellen suchen. Die normative Verpflichtung zur vorrangig beruflichen Bewährung tritt in Konflikt zu einer ebenso anspruchsvollen Haltung den familialen Aufgaben gegenüber. Unter dem herrschenden normativen wie auch finanziellen Druck zur Arbeitsaufnahme erscheinen die Gestaltungsspielräume für eine Relativierung des beruflichen Einsatzes und eine zwischenzeitlich stärkere Hinwendung zur Familie gerade bei den Männern gering. Dieser Umstand erklärt einen Teil der viel beklagten Kinderlosigkeit in der von mir untersuchten Generation der in den 1960er Jahren Geborenen. Insofern zeigen sich krisenhafte Folgen eines Bewährungsmythos, der vornehmlich auf Arbeitsleistung beruht, und einem Selbstverständnis der Gesellschaft als Arbeitsgesellschaft auch in den gesellschaftlichen Konsequenzen der lebenspraktischen Konfliktlösung. Die oben erwähnte Inkohärenz der politischen Entscheidungen und sozialen Ordnung stellt nicht nur aus theoretischen Erwägungen ein Problem dar, sondern wirft auch lebenspraktische Konsequenzen für den Einzelnen in Form biografischer Widersprüche auf und bindet Leistungsbereitschaft, Kreativität und Fähigkeiten in unauflösbar anmutenden Konflikten. Ebenso gefährdet das Ausbleiben gesellschaftlicher Lösungen, die eine Kohärenz zwischen den Lebensentwürfen des Subjekte, den gesellschaftlichen (reproduktiven) Erfordernissen und dem Normengefüge herzustellen in der Lage wären, die Bindung an das Gemeinwesen sukzessive, spätestens wenn man mit Misstrauen und Kontrollen sowie dem Zwang zu einer Arbeit, die es im herkömmlichen Verständnis einer Erwerbsarbeit zunehmend weniger für alle gibt, konfrontiert wird.

Und so lässt sich auch die Einschätzung von Frau Jahn eingangs verstehen: ‚Müh und Arbeit' kann weder faktisch – theoretisch wie empirisch begründet –, noch als Vision einen Königsweg der Bewährung darstellen im Zuge voranschreitender Modernisierung. Der authentische Ausdruck des Selbst in frei gewählten Tätigkeiten oder auch im Unterlassen ist der Hauptpfad, auf dem sich ein jeder seine Hürden, an denen er sich zu entfaltet trachtet, selbst erwählt. Ein zur Selbstverwirklichung strebendes Leben bedarf einer möglichst großen Freiheit der Wahl seiner Tätigkeitsfelder und – formen. Der Boden, auf dem dieser Weg verläuft, auf dem diese Entscheidungen getroffen werden, ist begehbar und belastbar. Er ist – zumindest in meinem Sample relativ hoch

Qualifizierter Männer und Frauen – geprägt von einer immer noch starken Verankerung der Leistungsethik[4], von einer deutlichen Gemeinwohlbindung und einer stärkeren Bereitschaft zur Fürsorge für Kinder und andere Pflegebedürftige, als es sich in den aktuellen demografischen Daten zeigt.

Die Lösung dieser Gestaltungsaufgabe einer modernen Gesellschaft, die den gegenwärtigen Herausforderungen und Möglichkeiten angemessen wäre, liegt schon lange als Idee vor: Sie liegt in einer Entkopplung von Arbeit und Einkommen, wie sie z.B. durch ein bedingungsloses Grundeinkommen für alle realisierbar wäre (vgl. Fischer u. a. 2003). Dieses befreite nicht nur den Arbeitsbegriff aus seiner Verengung auf lohnabhängige Erwerbsarbeit, sie entfesselte auch die im Zwang zu einer solchen Arbeit gebundenen Kompetenzen und Leistungsbereitschaft. Sie schaffte die Bedingungen zur Entfaltung der freien Entscheidung des Einzelnen, seinen Beitrag zum Gemeinwesen dort und in der Form zu leisten, zu der sich der Einzelne berufen fühlt – sei es in der Familie, im Beruf oder in Gemeinwohlbeiträgen, sei es nacheinander oder alles zugleich. Sie führte zur Realisierung einer echten Gleichwertigkeit dieser Lebensbereiche und zu einer Entthronung der Erwerbsarbeit als dominantem Weg der Be-

---

[4] Die Erscheinungsformen der Leistungsethik unterscheiden sich dabei sehr deutlich je nach fallspezifisch ausgebildetem Habitus. Dieser Befund verdeutlicht die obige These der Vorgängigkeit der Subjekt- und Habitusbildung vor der leistungsethischen Bindung an den Beruf und die Abhängigkeit der Leistungsfähigkeit und -bereitschaft von der vorausgehenden Sozialisation.

währung. Und nicht zuletzt böte sie die Bedingung einer Anerkennung des Bürgers als Zweck an sich. Doch so lange an der Überbewertung der Arbeit für die Sinnstiftung des modernen Subjekts festgehalten wird, verschließt sich diese längst bestehende Möglichkeit eines sinnerfüllten Lebens in gesellschaftlicher Integration aller.

Literatur

Bonß, Wolfgang: Vergesellschaftung über Arbeit. Oder: Gegenwart und Zukunft der Arbeitsgesellschaft. In: Berger, Peter A. / Konietzka, Dirk (Hrsg.): Die Erwerbsgesellschaft. Neue Ungleichheiten und Unsicherheiten. Opladen: Leske und Budrich 2001, S. 331-355.

Bundesregierung: Sozialgesetzbuch, Bundesgesetzblatt Teil I Heftnummer 66, Bonn 2003.

Fischer, Ute Luise: Scheitern und Werden. Fallrekonstruktionen als Untersuchungsmethode in der Biographieforschung gezeigt am Beispiel von Differenzlinien in der biographischen Bewährung. In: Soziale Ungleichheit – kulturelle Unterschiede. Verhandlungen des 32. Kongresses der Deutschen Gesellschaft für Soziologie in München 2004. Frankfurt: Campus Verlag 2006, S. 1591-1600.

Fischer, Ute Luise: Krise der Arbeit, Krise der Sinnstiftung – Ein kulturtheoretisch-strukturaler Zugang zur Geschlechter- und Arbeitsforschung. Erscheint in: Aulenbacher, Brigitte / Funder, Maria / Jacobsen, Heike / Völker, Susanne (Hg.): Arbeit und Geschlecht im Umbruch der modernen Gesellschaft. Forschung im Dialog. Wiesbaden: VS Verlag für Sozialwissenschaften 2007, S. 149-164.

Fischer, Ute / Heckel, Stefan / Jansen, Axel / Liebermann, Sascha / Loer, Thomas: Freiheit statt Vollbeschäftigung. www.FreiheitStattVollbeschaeftigung.de 2003.

Moldaschl, Manfred / Voß, G. Günter (Hrsg.): Subjektivierung von Arbeit. München / Mering: Rainer Hampp Verlag 2002.

Neuendorff, H. / Franzmann, M. / Pawlytta, C.: Gemeinwohlbindung und Solidarität in Deutschland. Fallanalysen zur These der Entsolidarisierung. Projektbericht unter Mitarbeit von Sascha Liebermann, Dortmund 2004.

Oevermann, Ulrich: Ein Modell der Struktur von Religiosität. Zugleich ein Modell von Lebenspraxis und von sozialer Zeit. In: Wohlraab-Saar, Monika (Hg.): Biographie und Religion. Zwischen Ritual und Selbstsuche. Frankfurt a. M 1995, S. 27-102.

Oevermann, Ulrich: Die Krise der Arbeitsgesellschaft und das Bewährungsproblem des modernen Subjekts. In: Becker, R. / Franzmann, A. / Jansen, A. / Liebermann, S. (Hg.): Eigeninteresse und Gemeinwohlbindung. Kulturspezifische Ausformungen in den USA und Deutschland. Konstanz 2001, S. 19-38.

Pongratz, Hans J. / Voß, G. Günter: Arbeitskraft-Unternehmer. Erwerbsorientierungen in entgrenzten Arbeitsformen. Berlin: edition sigma 2003.

Statistisches Bundesamt: http://www.destatis.de/themen/d/thm_volksw.php 2007.

Weber, Max: Gesammelte Aufsätze zur Religionssoziologie. Band I, Tübingen 1920.

Windolf, Paul (Hrsg.): Finanzmarkt-Kapitalismus. Analysen zum Wandel von Produktionsregimen. Kölner Zeitschrift für Soziologie und Sozialpsychologie. Sonderheft 45. Wiesbaden: VS Verlag für Sozialwissenschaften 2005.

Welche Arbeit? Welcher Sinn?
Einige (wissens-)soziologische Bemerkungen zu einem historisch kontingenten Dispositiv

Thomas Matys

Der Titel des II. Hagener Kolloquiums der Wirtschaftsphilosophie „Sinn von Arbeit" lässt zunächst nach dem *Zusammenhang* fragen, in dem beide Begriffe zueinander stehen. Das Wörtchen „von" macht dann auch relativ schnell deutlich, dass es sich bei dieser Verhältnisfrage nicht um ein Begriffspaar handelt, welches auf ein und derselben Ebene angesiedelt ist. Dem „Oberthema" „Arbeit" wird mutmaßlich ein „Unterthema" „Sinn" zugesprochen. Wie nähert man sich nun beiden Themen? Etwa induktiv in der Form, dass man sich langsam dem Bedeutungsgehalt von Arbeit nähert, indem man einzelne Sinnkomponenten dessen, was man zusammengenommen als Sinn bezeichnet, verdichtet und es am Ende „Arbeit" nennt? Oder tut man dies gar auf deduktive Weise, indem man das Konstrukt Arbeit wie auch immer analysiert, um dann diese einzelnen Komponenten als (Sinn-)Komponenten („Indikatoren") – als Sinn *von* Arbeit – konzipiert? Ich werde auf diese Frage zurückkommen. Zunächst ist an dieser Stelle anzumerken, dass obige Einordnung von *Arbeit* als Ober- und *Sinn* als Unterthema eine vorerst analytisch-logische ist, wenn man eine Vorgehensweise wählt, die eine eher typische ist im täglichen sozialwissenschaftlichen Forschungsprozess: Man identifiziert einen Gegenstand. Dieser kann, wie uns Umberto Eco wundervoll gezeigt hat, konkret oder abstrakt sein. Und an diesem Gegenstand ist uns etwas aufgefallen, darum entwerfen wir eine Frage, um noch nicht von Fragestellung zu sprechen. In unserem Beispiel soll also Arbeit der Gegenstand sein und Sinn die Frage – konkret also heißt das: Aufgefallen ist uns am Gegenstand Arbeit, dass es eine Diskussion gibt, die nach dem „Sinn" dieser Arbeit fragt. Um nun die Frage des Verhältnisses zwischen – vorläufigem – Ober- und Unterthema zu bearbeiten, werde ich im Folgenden zunächst beide Begriffe in ihrer Rezeption innerhalb der Sozialwissenschaften vorstellen, um dann zu fragen, ob es überhaupt „Sinn macht", an beide Begriffe eine Rangigkeit anzulegen.

Starten wir also mit dem Begriff der *„Arbeit"*. Da ergibt sich bereits das erste Problem: Wenn ich oben ausgeführt habe, dass „Arbeit" der Gegenstand sei, dann ist das offensichtlich durch eine einfache nominale Setzung doch sehr problematisch, denn was ist mit „Arbeit" eigentlich gemeint? Ist damit jegliche menschliche Tätigkeit, gar jegliche Interaktion gemeint? Und was ist mit heute mittlerweile zumindest zur Kenntnis genommenen Formen der Nicht-, Schatten-, Schwarz-, Haus-, Erziehungs-, Pflege- oder Gemeinwesenarbeit? Wenn in dem Ankündigungstext obigen Kolloquiums von der „Lohnarbeit als dominante(r) Form der Organisation von Arbeit" gesprochen wird, kann man, wenn man will, dies auch relativ schnell bezweifeln, wenn man die soeben genannten „anderen" Formen gesellschaftlicher Organisation von Arbeit hinzunimmt (etwas überspitzt: empirisch wäre vermutlich leicht feststellbar, dass es mehr zählbare erziehende Elternteile als Personen in Lohnarbeitsverhältnissen gibt – was natürlich zu prüfen wäre). Somit wird bei der Befassung mit dem Topos Arbeit erkennbar, dass es sich um ein jeweiliges *kulturelles Ordnungs- und Vorstellungskonstrukt* handelt, welches sich von Epoche zu Epoche verschiebt, verändert oder gar zu sich selbst zurückkehrt. Wissenssoziologisch en vogue können wir mit Foucault von *Dispositiven* (vgl. Foucault 1978, S. 105 f.) sprechen, also von Möglichkeits- und Verhältnisräumen, die bestimmte Diskurse bzw. Diskursfragmente thematisieren bzw. nicht thematisieren. So lässt sich der heute oft noch zitierte Standard des Lohnarbeits-Paradigmas – gleichwohl, wie angesprochen, sicher in seiner Reinform längst so nicht mehr existent – als eine gewachsene Diskursformation kennzeichnen: Galt in *vormodernen* Gesellschaften Arbeit ursprünglich allein als schwere *körperliche Arbeit* (die grundsätzlich negativ bewertet wurde), die z. B. in der griechischen Antike von Knechten, Sklaven und bezwungenen Feinden geleistet werden musste, so kann für das späte Mittelalter eine schleichende Ausweitung des Arbeitsbegriffs festgestellt werden: Arbeit war weniger schwere körperliche Tätigkeit, sondern sie umfasste zunehmend auch geistige Anstrengungen (vgl. Bonß 1999, S. 145). Parallel dazu zeichnet sich eine sukzessive Relativierung der Gleichsetzung von Arbeit mit Zwang und Bestrafung ab.

Zwar bleibt Arbeit mühselig und in der Regel unfreiwillig, aber zugleich gewinnt ihre Interpretation als moralische Verpflichtung an Boden. Der aktiv arbeitende *bürgerliche Mensch* ist der bestimmte Typus, der sich über die Arbeits- und Leistungsorientierung definiert. Er emanzipiert sich zunehmend selbstbewusst vom feudalistischen Adel. Verkoppelt mit Kompetenz und Leistung ist Arbeit für ihn nicht Zwang und Bestrafung, sondern produktiv-aktive Naturaneignung, erfolgreiche Naturbeherrschung und Mittel zur Wertschöpfung (vgl. ebd.). Hier ist vor allem eine *philosophisch-anthropologische* Deutung von Arbeit gemeint, die von einem Arbeitsbegriff ausgeht, der besonders den Freiheitscharakter von Arbeit, insofern er bestimmte Wesensmerkmale des Menschlichen, etwa *Fähigkeiten, Anlagen, Talente, Begabungen, Kräfte* und *Bedürfnisse,* hervorhebt und Arbeit schließlich jene Leistung übernehmen soll, die dem selbstbewussten, freien und verantwortlichen Handeln zugeschrieben wird. Die Definition der Arbeit darf demzufolge nicht nur die Produktion von Gütern berücksichtigen, sondern verweist vielmehr auf die *qualitative Daseinsform des Menschen* und soll daher in ihrem Stellenwert auf den ganzheitlichen Lebenszusammenhang des Menschen bezogen gedacht werden. Dieses Begriffsverständnis enthält die Vorstellung des in seiner Arbeit sich entfaltenden, schöpferisch tätigen, sich selbstverwirklichenden Menschen (vgl. Marcuse 1969, S. 217).

Es werden allerdings keineswegs alle Formen produktiv-aktiver Naturaneignung als Arbeit begriffen, sondern vor allem die *bezahlen Tätigkeiten* – eine Akzentsetzung, die dazu führt, dass sich die bürgerliche Arbeitsgesellschaft in einer spezifischen Form, nämlich der *Erwerbsarbeits*gesellschaft, konstituiert (vgl. Bonß ebd.). Damit erfolgt auch eine Akzentverschiebung: Arbeit wird in einer eher *soziologischen* Fassung *vergesellschaftet*, d. h. sie wird im Hinblick auf ihre gesellschaftsstrukturierenden Prozesse und Effekte thematisiert. Erwerbsarbeit meint Arbeit, die zur Herstellung von Gütern oder Erbringung von Leistungen zum Zweck des *Tausches*, auf dem Markt dient – wie Klages mit Blick auf das Marx´sche soziologische Arbeits-Verständnis feststellt (vgl. Klages 1964, S. 170 ff.) –, mit der man ein Einkommen erzielt, von der man lebt: sei es in abhängiger oder selbständiger Stellung oder in einer der vielen Zwischenstufen, sei es mit manueller oder nicht-manueller, mit mehr oder weniger qualifizierter Tätigkeit (vgl. Kocka 2000, S. 481). Somit spiegelt sich im „aufgeklärten" Verständnis von Arbeit eine Dichotomie: Zum einen formuliert Hegel, dass es „das unendliche Recht des Subjekts [ist], daß es sich selbst in seiner Tätigkeit und Arbeit befriedigt" (Hegel 1975 zit. nach Hahne 2001, S. 1) fühle, zum anderen hat z. B. Marcuse die Selbstentfremdung durch den Entäußerungsprozess in der Arbeit als zwangsläufig beschrieben: „In der Arbeit geht es immer zuerst um die Sache selbst und nicht um den Arbeitenden. (...) In der Arbeit wird der Mensch immer von seinem Selbstsein fort auf ein anderes verwiesen, ist er immer bei Anderem und für Andere." (Marcuse 1933 zit. nach Hahne ebd.)

In der *industriellen Kultur* heißt das Leitbild von Arbeiten ökonomisch abhängige, technisch und sozial hochgradig organisierte und in der Regel räumlich konzentrierte Erwerbsarbeit und darauf bezogene Motivierung und Interessenorientierung wirtschaftlich orientierten Handelns. Als Ausdruck des Formwandels von Erwerbsarbeit wird die Diskussion um das Brüchigwerden einer sicher geglaubten Konstituente des Erwerbsarbeitsparadigmas, des (in erster Linie männlichen) *„Normalarbeitsverhältnisses"*, gesehen, welches durch folgende Merkmale gekennzeichnet ist: abhängige und unbefristete Vollzeitarbeits-Verträge; stabile Vergütung, betriebsförmige Organisation der Arbeit, möglichst beim selben Arbeitgeber erwerbslebenlang ausgeübt, je qualifizierter, um so besser, weitgehende Unkündbarkeit, generöse soziale Absicherung im Falle der Arbeitslosigkeit oder vorzeitigen Verrentung. Lange Zeit ließ sich die Bedeutung von Erwerbsarbeit nicht nur rechtlich und quantitativ-realiter (über Statistiken geleisteter bezahlter Arbeitsstunden o. ä.) bestimmen, sondern Erwerbsarbeit ist auch kulturell-symbolisch besetzt, z. B. über einen geltenden gesellschaftlichen Status, Sozialprestige, Nationenvergleich in puncto Wirtschaftskraft bis hin zu unterschiedlichen Modalitäten der Identifizierung mit „Helden der Arbeit" (vorwiegend in sozialistischen Ländern).

Im oben skizzierten Sinne – so kann mit Baethge (1991) konstatiert werden – war die Erwerbsarbeit das Feld von *Vergesellschaftung* – als Sozialität herstellender Identitätsprozess – *par excellence:* Die arbeitenden Subjekte „erfuhren" Erwerbsarbeit als die zentrale Instanz, durch die sie ihre Identität und Subjektivität als Arbeitende herstellen und begreifen konnten. Dieser Umstand brachte in der Arbeiterbewegung nicht nur die politisch folgenreichste Assoziation für die Entwicklung von bürgerlicher Gesellschaft und Staat hervor, sondern ließ auch unterhalb der politischen Organisationsebene im Alltag eine Fülle sozialer Kommunikations- und Identitätsformen entstehen. Diese Feststellung führt zu einem Verständnis von Vergesellschaftung als „Ausdruck kommunikativen und interessenbezogenen Handelns von Individuen" (Baethge 1991, S. 268), in dem die Individuen ihre soziale Identität als „Zugehörigkeit zur symbolischen Realität einer Gruppe" (Habermas 1976 zit. nach ebd.) erfahren und zugleich manifestieren. Die objektive Basis dieser Vergesellschaftung bildet der Siegeszug der Lohnarbeit, die kapitalistische Vereinheitlichung der Arbeitsverhältnisse unter dem Zepter der abstrakten Arbeit, wie Marx es analysiert hat. Als subjektiver, identitätsstiftender Prozess vollzieht sich Vergesellschaftung unter den Bedingungen *entfremdeter Arbeit* vor allem als Protest aufgrund gemeinsamer Leiderfahrungen in der Arbeit. Damit tritt der Begriff der Entfremdung – neben dem des Tausches – als zweiter Marx'scher Beitrag zu einem weiter sich soziologisierenden Verständnis von Arbeit hinzu (vgl. Klages ebd.). Dieser Protest der so entstandenen *Arbeiterklasse* manifestiert sich maßgeblich in Form von Gemeinschaftlichkeit herstellenden Kommunikationsformen im betrieblichen Alltag und unverwechselbaren Symbolen der Zusammengehörigkeit, die mit der Gegensätzlichkeit zu anderen Gesellschaftsgruppen zugleich das Gefühl der eigenen Stärke vermitteln. Obwohl Arbeit offensichtlich für die Identitätskonstruktion der Subjekte eine erhebliche Bedeutung behalten hat, so ist dennoch auf die realen strukturellen Veränderungen in den Arbeitsprozessen und Beschäftigungsverhältnissen selbst einzugehen, die das *traditionelle* – auf der „Institution" Erwerbsarbeit basierende – Vergesellschaftungsmodell ausgehebelt haben (vgl. Bonß ebd.), d. h. identitätsstiftende Bezüge für die Arbeitenden sich auch außerhalb der Sphäre „Arbeit" etabliert haben.

So kann ich zusammenfassend festhalten: Eine eher *sozialphilosophisch-anthropologisches* Dispositiv konzeptualisiert Arbeit als spezifische menschliche Daseinsform. Diese ist an die Vorstellung des modernen bürgerlichen Subjekts gekoppelt, welches Arbeit im Sinne jeglicher menschlicher Aktivität als Entäußerungs- und Verwirklichungsmoment des Subjekts begreift und daher auch analog eine Reihe von modernen Freiheits-Semantiken mit-produzieren half, die bis heute noch an das moderne (Arbeits-)Subjekt „herangetragen" werden. Ein eher *soziologisch* geprägtes Dispositiv dagegen verweist auf Arbeit als eine gesellschafts- und lebensstrukturierende „soziale Tatsache" bestimmter Art (vgl. Türk 1976, S. 6). Ein derartiges Verständnis bemüht nicht umsonst einen der zentralen Grundbegriffe der Soziologie: den der *Struktur*. Können wir auch auf die vielfältigen Begriffsgehalte, Nuancen und Probleme des Strukturbegriffs an dieser Stelle nicht eingehen, so können wir zumindest so etwas wie einen kleinsten gemeinsamen Nenner des soziologischen Struktur-Begriffs auszumachen versuchen: Struktur im soziologischen Sinne meint nicht Aufbau oder Gliederung, wie wir es etwa in den Naturwissenschaften kennen, sondern geht eher in die Richtung eines *Musters*, einer *Wiederholung* – von Interaktionen und kognitiven Prozessen. So sind also auch Arten und Weisen des Denkens, vor allem des inkorporierten wiederholten, automatischen, selbstverständlichen, normalisierten und gleichsam routinisierten Denkens, als Struktur zu bezeichnen. Im Umkehrschluss bedeutet das allerdings nicht, dass nicht auch Strukturen bzw. Strukturbildungen thematisiert – i. S. v. bewusst gemacht und artikuliert – werden können. Bestandteile einer Struktur, vielleicht sogar Strukturen selbst, zu erkennen (kognitive Ebene), diese zugleich täglich (neu) zu reproduzieren und wieder ganz andere Strukturen zu produzieren (Interaktionsebene), bilden die Voraussetzung dafür, dass so etwas wie eine „Struktur" „Arbeit" und eine „Struktur" „Leben", wie Max Weber sie beschrieben hat, erst entstehen und sich verfestigen können. Struktur ermöglicht also *Unterscheidung*. Strukturenbildungen und *gesellschaftliche Differenzierungspraxen* verweisen rekursiv aufeinander und stellen die Basis dafür dar, was ich weiter oben als Dispositiv beschrieben habe: Was wird selbstverständlich, systematisch und wiederholt (also „strukturiert") thematisiert und damit inkludiert und was ausgeschlossen und damit gleichsam exkludiert, exkommuniziert, desymbolisiert (vgl. Ortmann 2004)? Nichts anderes beschäftigen Foucault („Archäologie des Wissens") und Berger/Luckmann, wenn sie von der „gesellschaftlichen Konstruktion der Wirklichkeit" (Berger/Luckmann 1980) sprechen. Halfen uns die beiden letzen Autoren also, Arbeit wissenssoziologisch zu fassen, so waren sie es auch, die einen entscheidenden Beitrag zu dem hier zweiten interessierenden Begriff, dem des Sinns geleistet haben. Darum soll es im Folgenden gehen.

Berger/Luckmann nähern sich dem *Sinn*-Begriff in der Auseinandersetzung mit zwei soziologischen Klassikern: Emile Durkheim und Max Weber. Durkheim verdanken wir die oben bereits angedeutete grundsätzliche Erkenntnis, soziale Sachverhalte wie „Dinge" zu betrachten, gleichsam als soziale Tatsachen: „Die erste und grundlegendste Regel besteht darin, die soziologischen Tatbestände wie Dinge zu betrachten." (Durkheim 1970, S. 115) Max Weber stellt fest: „Für die Soziologie (im hier gebrauchten Wortsinn, ebenso wie für die Geschichte) ist aber gerade der *Sinn*zusammenhang des Handelns Objekt der Erfassung". (Weber 1964, S. 10; Herv. i. Orig.) Die beiden Thesen widersprechen einander nicht. Ihre Darstellung aus einer möglichst integrativen Perspektive steht im Mittelpunkt der Bemühungen von Berger und Luckmann. Es ist ja gerade der Doppelcharakter der Gesellschaft als objektive Faktizität – „Gesellschaft als objektive Wirklichkeit" (Berger/Luckmann ebd., S. 49 f.) – *und* subjektiv gemeinter Sinn – „Gesellschaft als subjektive Wirklichkeit" (ebd., S. 139 f.) –, der sie zur *„Realität sui generis"* macht, um einen anderen zentralen Begriff von Durkheim zu verwenden. Die soziale Realität existiert sozusagen zweimal, in den Sachen und in den Köpfen, innerhalb und außerhalb der Akteure. Die Grundfrage der Soziologie darf demnach in Anschluss an Berger/Luckmann so gestellt werden: „Wie ist es möglich, daß subjektiv gemeinter Sinn zu objektiver Faktizität *wird*?" (ebd., S. 20; Herv. i. Orig.) oder, in der Terminologie Webers und Durkheims: Wie ist es möglich, dass menschliches *Handeln* (Weber) eine Welt von *Dingen* (Durkheim) hervorbringt?

Für Max Weber ist jegliches „soziales Handeln" des Menschen sinnhaft orientiert. Webers Sinnbegriff zielt inhaltlich darauf, dass es gewissermaßen einen harten logischen Kern von Handeln gibt, der intersubjektiv rekonstruierbar ist: Ein zweckrationales Modell, von dem die Empirie unter dem Einfluss vielfältiger Faktoren abweicht, welches jedoch prinzipiell „evidente Verständlichkeit" und „Eindeutigkeit" (Weber ebd., S. 5). Berger/Luckmann beantworten obige Frage der Sinn-„Transformation" bekanntlich durch den Trias *Externalisierung* (Entäußerung), *Objektivation* (Vergegenständlichung) und *Internalisierung* (Einverleibung): Diese Prozesse stellen drei dialektische Elemente gesellschaftlicher Totalität dar, die sich durch das „Paradoxon" auszeichnet, „... daß der Mensch fähig ist, eine Welt zu produzieren, die er dann anders denn als ein menschliches Produkt erlebt" (Berger/Luckmann 1980 ebd., S. 65).

Bevor nun nochmals auf die Verbindung zwischen – welcher nun? – Arbeit und Sinn eingegangen werden kann, sei hier noch ein weiterer bedeutender Soziologe[1] angeführt, der

---

1   Die Liste der Soziologen, die sich mit Sinn befasst haben, ist lang, sie weist über die ausgeführten Weber, Berger/Luckmann noch Mead,

sich mit dem Sinn-Begriff befasst hat: Niklas Luhmann. Luhmann versucht, den Sinnbegriff im Rahmen von *System und Funktion* zu beschreiben. Dabei will er „weder die Begriffe noch die Welt als feste Vorgaben" (Luhmann 1982, S. 25) behandeln – diese *De-Ontologisierung* ist ein deutlicher Bruch mit metaphysischen Traditionen. Luhmann akzeptiert die Annahme objektiv feststellbarer erkenntnisleitender Regeln, Formen oder Werte nicht. Er versucht, den Sinnbegriff ohne Bezug zum Subjektbegriff zu definieren. Luhmanns Sinn-Konzept geht von einer unaufhebbaren Präsenz des Erlebens aus, er interessiert sich allerdings nicht für die damit verbundenen subjektiven Konstitutionsleistungen, sondern abstrakter und rein funktionalisiert für die Selektionsleistungen, die dieses Erleben erbringt (vgl. Schülein 1982, S. 651). Für ihn ist Sinn eine *selektive Beziehung* zwischen sinnverwendenen Systemen und ihrer Umwelt, wobei er die Trennung zwischen Subjekt und Gesellschaft durch einen höheren Abstraktionsgrad unterläuft: „Der Sinnbegriff ist primär, also ohne Bezug auf den Subjektbegriff zu definieren, weil dieser als sinnhaft konstituierte Identität den Sinnbegriff schon voraussetzt ... Unter sinnkonstituierendem System (verstehen wir) nicht irgendeine Energiequelle, nicht eine Ursache, nicht das organisch-psychische Substrat sinnhaften Erlebens ..., geschweige denn konkrete Einzelmenschen, sondern einen Sinnzusammenhang als solchen. Es

---

Schütz und Habermas aus, die aber hier nicht behandelt werden können und sollen, da eine derartige Ausweitung den Argumentationsgang zu sehr spreizen würde (vgl. hierzu ausführlich Schülein 1982).

fallen darunter sowohl psychische Systeme ... als auch soziale Systeme." (Luhmann ebd., S. 28 f.) Die Leistung von Sinn ist für Luhmann dabei die gleichzeitige Reduktion und Erhaltung von Komplexität innerhalb einer unendlich komplexen und kontingenten Welt. Und warum muss selektiert werden? Systeme haben mehr Möglichkeiten, als sie aktuell verwirklichen können, sie sind komplex. Doch ein System ist immer weniger komplex als seine Umwelt, d. h. in Bezug auf seine Umwelt muss sich ein System selektiv verhalten. Luhmann versucht, den Sachverhalt einer Differenz zwischen den (beschränkten) Möglichkeiten eines Systems und den (vielfältigeren) Möglichkeiten seiner Umwelt durch die Unterscheidung von Komplexität und Kontingenz zu verdeutlichen: Komplexität bedeutet, dass es mehr Möglichkeiten des Erlebens und Handelns gibt, als aktualisiert werden können. Komplexität meint Selektionszwang.

Auch wissenschaftliche Analyse muss selektieren. Sie muss sich entscheiden, Spreu vom Weizen trennen. So kann ich nach der Darstellung der Grundbegrifflichkeiten in Verbindung mit den von mir ausgewählten Autoren Folgendes zu einem *Fazit* verdichten:

Die genannten Autoren sind nicht wahllos gewählt worden. Mit Max Weber wurde die Aufmerksamkeit bereits früh durch das Prinzip der *Typenbildung* – „Idealtypen", wobei ideal eher für „reinste Form" steht und nicht für normativ erstrebenswert – auf einen Grundbegriff der Soziologie hingearbeitet, der so basal ist, dass er in einem derartigen Verständnis in vielen soziologischen Analysen und sogar Lehrbüchern oft gar nicht vorkommt: den der *Struktur*. Struktur als Muster, als Wiederholung, als Typik, als Modus. Und dieser Strukturbegriff steht in einem Spannungsverhältnis mit einem weiteren Grundbegriff der Soziologie: dem der *Institution*. Berger/Luckmann helfen uns dabei zu verstehen, dass wir nun diesen Begriff nicht ontologisch aufnehmen dürfen, sondern eher wissenssoziologisch – gewissermaßen empirisch-phänomenologisch. Damit ist die schleichende Verfestigung bestimmter Denk- und Handlungsformen gemeint, die – durch Habitualisierung und Typisierung von Alltagspraxen – als den Subjekten außenstehende eigene Wirklichkeiten gegenüberstehen, gleichsam kontrafaktisch (vgl. Türk 1997, S. 146) – was die „Spannung" zu „Struktur" verdeutlicht. Institutionen gelten raum-zeitlich übergreifend, erlangen Dauerhaftigkeit, sind überindividuell und verkörpern jeweils die wesentlichen Strukturmomente einer Gesellschaft. Angelehnt an die Parsons'sche Frage, wie gesellschaftliche Ordnung möglich sei, kann es gelingen, Berger/Luckmann mit Foucault in dem Sinne wissenssoziologisch zu erweitern, als dass nicht nur ständig thematisiertes und damit praktiziertes Denken (und Handeln) – persistente und kontrafaktische – Institutionen bzw. Institutionalisierungsprozesse konstituiert, sondern auch und gerade nicht-thematisierte, ausgeblendete und diskriminierte Sachverhalte *Wissensordnungen („Dispositive")* und damit Gesellschaft produzieren und reproduzieren. Luhmann schließlich lässt uns das Ganze logisch einordnen, indem er de-ontologisierend gesellschaftliche Strukturen und Institutionen subjektunbebunden fasst und damit Begriffe wie Sinn, Sinnstruktur, kognitive Struktur, Denkmuster etc. eben als „subjekt-freie", undogmatische *„Form"*, als Art und Weise, als Modi des Erlebens, des Kommunizierens und Anschluss-Kommunizierens einer kontingenten und komplexen Welt begreift.

Streng genommen könnte man so das Fragen nach dem Sinn von Arbeit als „sinnlos" begreifen, nicht, weil es keinen Sinn hätte, denn Sinn ist ja sensu Luhmann „immer bereits da", sondern deshalb, weil es sich bei „Sinn von Arbeit" im Prinzip um eine Tautologie handelt: Arbeit *ist* Sinn. In welchen Zeiten auch immer, in welchen Arten und Weisen, ob anthropologisch oder soziologisch: Das Reden über und von Arbeit – vielleicht sollten wir besser sagen: das Kommunizieren über etwas, was in jeweils spezifischen historischen Kontexten als Erwerbsarbeit, Produktionsarbeit, Wissensarbeit, Leiharbeit, Nicht-Arbeit, alternative Arbeit etc. etc. *bezeichnet* wird – konstituiert ein jeweils gültiges („Arbeits-")Dispositiv.

In diesem Sinne ist Wieland Jägers Beitrag in diesem Buch mit dem Titel „Arbeitsvermögen" oder „Menschenregierung"? Der Sinn-Mythos moderner Arbeitsorganisation" als ein Versuch zu begreifen, sich an der Produktion eines weiteren Dispositiv-Splitters von „Arbeit", genauer: Erwerbsarbeit, zu beteiligen. Dass er das letztlich auf eine subjekt-gebundene Weise (Komplex „Arbeitsvermögen") und subjekt-ungebundene Weise (Komplex „Menschenregierung") tut, zeigt bereits an, dass Jäger das Mit- und Nebeneinander konkurrierender erklärender soziologischer Theorien erkannt hat: auf der einen Seite die *Ontologisierer*, die nicht ohne Subjekt, Handeln, Motiv und normative Sinn-Vorstellungen denken können; auf der anderen Seite die *Konstruktivisten*, für die es Arbeit im Prinzip nur als empirischen Ausdruck kontingenter Sinn-Zusammenhänge gibt. Ich hoffe, ich habe nicht verhehlt, für welche Seite mein Herz schlägt. Apropos Herz: Schon wieder so ein Spagat – zwischen Gefühl und Verstand? Und dann lasse ich gar mein Gefühl entscheiden? Mitnichten! Die Gründe für eine notwendige De-Ontologisierung des Arbeitsbegriffs habe ich dargelegt. Doch lassen wir abschließend noch einmal jemanden zu Wort kommen, dem seit je her dialektische Fragen eine „Herzensangelegenheit" waren und der die Berger/Luckmann'sche Frage im Grunde bereits beantwortet hatte, lange bevor jene sie überhaupt stellen konnten: Karl Marx. Denn bei allem Denken in Systemen und Subjektlosigkeit: „Die Menschen machen ihre eigene Geschichte, aber sie machen sie nicht aus freien Stücken, nicht unter selbstgewählten, sondern unter unmittelbar vorgefundenen, gegebenen und überlieferten Umständen." (MEW 1972, S. 115) Ach, könnten wir doch öfter selbst so „sinnig" formulieren, wir bräuchten sicher nicht mehr „arbeiten"!

Literatur

Baethge, M: Arbeit, Vergesellschaftung, Identität – zur zunehmenden normativen Subjektivierung der Arbeit. In: Zapf, W. (Hrsg.): Die Modernisierung moderner Gesellschaften. Frankfurt am Main/New York 1991, S. 260 – 278.

Berger, P. L. / Luckmann, T.: Modernität, Pluralismus und Sinnkrise. Die Orientierung des modernen Menschen. Gütersloh 1995.

Berger, P. L. / Luckmann, T.: Die gesellschaftliche Konstruktion der Wirklichkeit. Eine Theorie der Wissenssoziologie. Frankfurt 1980.

Bonß, W.: Jenseits der Vollbeschäftigungsgesellschaft. Zur Evolution der Arbeit in globalisierten Gesellschaften. In: Schmidt, G. (Hrsg.): Kein Ende der Arbeitsgesellschaft. Arbeit, Gesellschaft und Subjekt im Globalisierungsprozess. Berlin 1999, S. 145 – 175.

Conze, W.: Arbeit. In: Brunner, O. et al. (Hrsg.): Geschichtliche Grundbegriffe. Historisches Lexikon zur politisch-sozialen Sprache, Bd. 1., Stuttgart 1972, S. 154 – 215.

Deleuze, G.: Foucault. Frankfurt am Main 1987.

Durkheim, E.: Die Regeln der soziologischen Methode [herausgegeben und eingeleitet von René König]. Neuwied und Berlin 1970.

Eco, U.: Wie man eine wissenschaftliche Abschlussarbeit schreibt. Stuttgart 1988.

Foucault, M.: Archäologie des Wissens, 8. Aufl., Frankfurt am Main 1997.

Foucault, M.: Dispositive der Macht. Über Sexualität, Wahrheit und Wissen. Berlin 1978.

Foucault, M.: Der Wille zum Wissen. Frankfurt am Main 1977.

Hahne, A.: Zur Bedeutung der Arbeit in der Marktwirtschaft. In: http://www.erichfromm.de/lib_2/hahne01.html, 2001.

Keller, R.: Wissenssoziologische Diskursanalyse. Grundlegung eines Forschungsprogramms. Wiesbaden 2005.

Klages, H.: Technischer Humanismus. Philosophie und Soziologie der Arbeit bei Karl Marx. Stuttgart 1964.

Kocka, J.: Arbeit früher, heute, morgen: Zur Neuartigkeit der Gegenwart. In: Kocka, J. / Offe, C. (Hrsg.): Geschichte und Zukunft der Arbeit. Frankfurt 2000, S. 476 – 492.

Lemke, T.: Eine Kritik der politischen Vernunft. Berlin und Hamburg 1997.

Luhmann, N.: Sinn als Grundbegriff der Soziologie. In: Habermas, J. / Luhmann, N.: Theorie der Gesellschaft oder Sozialtechnologie – Was leistet die Systemforschung? Frankfurt am Main 1982, S. 25 – 100.

Marcuse, H.: Über die philosophischen Grundlagen des wirtschaftswissenschaftlichen Arbeitsbegriffs. In: Archiv für Sozialwissenschaft und Sozialpolitik 3, Tübingen 1969.

Marcuse, H.: Kultur und Gesellschaft. Bd. 2. Frankfurt am Main 1965.

Marx, K. [MEW]: Das Kapital. Kritik der politischen Ökonomie, Band 1, MEW Bd. 23, Berlin 1979.

Marx, K. [MEW]: Der achtzehnte Brumaire des Louis Bonaparte. In: MEW Bd. 8, Berlin 1972, S. 115 – 123.

Marx, K.: Resultate des unmittelbaren Produktionsprozesses. Frankfurt am Main 1970.

Mead, G. H.: Geist, Identität und Gesellschaft aus der Sicht des Sozialbehaviorismus, Frankfurt am Main 1978, S. 115 ff.

Ortmann, G.: Als Ob. Fiktionen und Organisationen. Wiesbaden 2004.

Türk, K.: Arbeitsdiskurse in der bildenden Kunst. In: Maasen, S. u. a. (Hrsg.): Bilder als Diskurse – Bilddiskurse. Weilerswist 2006, S. 142 – 180.

Türk, K.: Organisation als Institution der kapitalistischen Gesellschaftsformation. In: Ortmann, G. / Sydow, J. / Türk, K. (Hrsg.): Theorien der Organisation. Die Rückkehr der Gesellschaft. 2. Aufl., Wiesbaden 2000, S. 124 – 176.

Türk, K.: „Die Organisation der Welt". Herrschaft durch Organisation in der modernen Gesellschaft. Opladen 1995.

Türk, K.: Grundlagen einer Pathologie der Organisation. Stuttgart 1976.

Türk, K. / Lemke, T. / Bruch M.: Organisation in der modernen Gesellschaft. Eine historische Einführung. Wiesbaden 2002.

Weber, M.: Wirtschaft und Gesellschaft. Grundriss der verstehenden Soziologie. Tübingen 1964 [1921].

Autoren

Christian Bermes ist Hochschuldozent für Philosophie an der Universität Trier.

Ute Luise Fischer arbeitet als Soziologin am Lehrstuhl für Arbeitssoziologie an der Universität Dortmund.

Wieland Jäger ist Professor für Soziologie, Bereich Arbeit und Gesellschaft an der FernUniversität in Hagen.

Thomas Matys ist Diplom-Sozialwissenschaftler am Lehrstuhl für Soziologie der Organisation an der Universität Wuppertal.

Eckart Pankoke (†) war emeritierter Professor für Soziologie an den Universitäten Essen bzw. Duisburg-Essen.

Reinhard Pfriem ist Professor für Allgemeine Betriebwirtschaftslehre, Unternehmensführung und Betriebliche Umweltpolitik an der Universität Oldenburg.

Kurt Röttgers ist Professor für Philosophie, insbes. Praktische Philosophie an der FernUniversität in Hagen.

Theorie

Dirk Baecker (Hrsg.)
Schlüsselwerke der Systemtheorie
2005. 352 S. Geb. EUR 24,90
ISBN 978-3-531-14084-1

Ralf Dahrendorf
Homo Sociologicus
Ein Versuch zur Geschichte, Bedeutung und Kritik der Kategorie der sozialen Rolle
16. Aufl. 2006. 126 S. Br. EUR 14,90
ISBN 978-3-531-31122-7

Shmuel N. Eisenstadt
Die großen Revolutionen und die Kulturen der Moderne
2006. 250 S. Br. EUR 34,90
ISBN 978-3-531-14993-6

Shmuel N. Eisenstadt
Theorie und Moderne
Soziologische Essays
2006. 607 S. Geb. EUR 49,90
ISBN 978-3-531-14565-5

Rainer Greshoff / Uwe Schimank (Hrsg.)
Integrative Sozialtheorie? Esser – Luhmann – Weber
2006. 582 S. Geb. EUR 39,90
ISBN 978-3-531-14354-5

Axel Honneth / Institut für Sozialforschung (Hrsg.)
Schlüsseltexte der Kritischen Theorie
2006. 414 S. Geb. EUR 29,90
ISBN 978-3-531-14108-4

Niklas Luhmann
Beobachtungen der Moderne
2. Aufl. 2006. 220 S. Br. EUR 24,90
ISBN 978-3-531-32263-6

Uwe Schimank
Differenzierung und Integration der modernen Gesellschaft
Beiträge zur akteurzentrierten Differenzierungstheorie 1
2005. 297 S. Br. EUR 27,90
ISBN 978-3-531-14683-6

Uwe Schimank
Teilsystemische Autonomie und politische Gesellschaftssteuerung
Beiträge zur akteurzentrierten Differenzierungstheorie 2
2006. 307 S. Br. EUR 29,90
ISBN 978-3-531-14684-3

Erhältlich im Buchhandel oder beim Verlag.
Änderungen vorbehalten. Stand: Juli 2007.

www.vs-verlag.de

VS VERLAG FÜR SOZIALWISSENSCHAFTEN

Abraham-Lincoln-Straße 46
65189 Wiesbaden
Tel. 0611.7878-722
Fax 0611.7878-400